果樹の だれでもできる 接ぎ木・さし木・とり木

上手な苗木のつくり方

小池洋男――編著

農文協

まえがき

ギリシャ時代、アレキサンダー大王のペルシャ遠征に随行した哲学者・テオフラトスが、もち帰ったリンゴを区分けして接ぎ木を行なったという記載がある。このように、優れた特性をもつ果樹の栄養繁殖は古くから試みられてきた。

種子から育った果樹の実生樹は、果実の大きさ、味、色などの遺伝的特性がそれぞれ異なる。そのため、実生繁殖は、台木植物や新品種の育成に限定される。これに対し、果実形質の優れる個体の遺伝特性を変化させることなく繁殖させる方法として用いられてきたのが、栄養繁殖法である。すなわち、さし木、取り木、接ぎ木などであり、これによって果樹は遺伝形質を変えることなく多量に繁殖されるのである。

本書では、このさし木、取り木、接ぎ木について、

（1）確実にできる技術をわかりやすく、自前繁殖で広がる果樹栽培の楽しみを盛り込んで紹介した。ベテランにはもちろん、新たに果樹園芸を始めようという入門者、またプランターやコンテナ栽培も含めて趣味で果樹栽培をしたいという人にも役立てていただけると思う。

（2）また、従来の果樹繁殖の技術書には、接ぎ木やさし木をしたあとのケアについての記述があまりなかった。苗木として仕立て上げる、あるいは高接ぎ枝がちゃんと結実したりするには、このケアにこそ実はカギがある。本書ではその成功のポイントを漏らさず記述するようにした。

（3）さらに、接ぎ木、さし木という作業を介して果樹の栄養生理、特性もおのずと理解できるように努力したつもりである。栄養繁殖の技術はこの理解を基本にして取り組めばそう難しくない。

本書は、長野県をはじめ果樹主産地の第一線の研究者の皆さんに執筆をお願いした。また多くの方々の貴重な図、表などを使わせていただいたり、参考にさせていただいたりしている。本書出版にあたって種々ご援助くださった方々に心から御礼申し上げる。

二〇〇七年三月

執筆者を代表して　小池　洋男

目次

まえがき——1

Ⅰ　自分でやる果樹繁殖の楽しみ

1　覚えよう　果樹繁殖の用語と方法……………10

2　樹が大きく変化——早く・楽に・強く・おいしく…12

早く成らせる——12
木をコンパクトにして作業しやすく——13
望みの品種・系統をすばやく多量に殖やす——13
病害虫や寒さ・乾燥に強くする——14
着色がよくなり、糖度が高まり、おいしい果実に——14

3　だれでも、いつでも樹のリニューアル……………14

接ぎ木で品種更新——14
一本で色とりどりの実を成らせる——15
接ぎ木ではウイルスやウイロイド病に注意を——16

4　この樹種にこの繁殖法——最適な組み合わせ………16

Ⅱ　「これで成功・安心」のポイント

1　知っておきたい接ぎ木・さし木の基礎……………20

（1）切り口から活着、発根するしくみ……………20
茎や枝の構造とはたらき——20
カルスのもつ大きな役割——21
（2）活着力・発根力の強い枝を育てる……………22
枝の生長と充実の進み方——22
充実した枝・芽ができる位置、よい枝姿——23
よい穂木を採る母樹の管理——24
採取した穂木の保存環境——25
新梢の芽や緑枝を使うばあい——26

2　接ぎ木成功のためのテクニック……………26

（1）接ぎ木時期、穂木の採取と保存……………26
接ぎ木法のいろいろと適期——26
休眠枝の穂木は、発芽と乾燥を防ぐ——27
台木と穂木の太さの近いもの同士を接ぐ——27
（2）接ぎ木作業のポイント……………28

切り口はスパッと鋭く、形成層をピタッと合わせる――28
最大のカギは乾燥防止――接ぎ木テープ――28
切り口へのワックス処理とビニール袋かけ――30
（3）接ぎ木活着後のケア……31
台木の芽かき、穂木の新梢整理のし方――31
高接ぎでの誘引など――32
（4）芽接ぎの管理ポイント……32
接ぎ芽全体をテープで覆う――32
台木の切り戻しは春に――33
接ぎ木不親和性とその障害の回避――34

3 さし木成功のためのテクニック……35
（1）さし木法のいろいろ……35
休眠枝ざし――35
熟枝ざし――36
緑枝ざし――36
根ざし――36
（2）さし木の発根と生長の進み方……37
さし穂の発根、発芽のしくみ――37
芽・葉と根の協力関係が大切――38
発根のサインは「再発芽」――38
（3）さし木作業のポイント……39
さし木の時期――39
さし穂の選択と調製――40
発根を促進する作業――切り口、促進剤、吸水――40
さし床の水・光線・温度の管理――41
無肥料でスタート、芽の伸びが再開したら施肥――42

4 取り木・株分け成功のためのテクニック……42
（1）取り木法のいろいろ……42
伏せ木法（普通法）――43
横伏せ法――43
盛り土法――43
高取り法（空中取り）――43
（2）取り木の発根のしくみと作業のポイント……44
根源基の形成と発根――44
取り木の実際――45
（3）株分け法……46

5 台木用の実生苗づくり……46
（1）種子の休眠打破と貯蔵……46
（2）発芽の進み方と管理……47

6 用具、資材の選び方……48

Ⅲ　樹種別繁殖の実際

■リンゴ
1　さし木・取り木の実際――まず台木をつくる……50
（1）さし木による台木づくり――マルバカイドウ台木、JM7台木……50
【マルバカイドウ台木のばあい】――50
【JM7台木のばあい】――53
（2）取り木繁殖による台木づくり――M9ナガノ台木……54
2　接ぎ木の実際――苗木をつくる……56
（1）切り接ぎによる苗木づくり……57
（2）芽接ぎによる苗木づくり……63
3　高接ぎの実際……67
（1）高接ぎの作業……67
（2）高接ぎ後のケア……70
■ナシ・西洋ナシ
1　実生による台木づくり……72
（1）ニホンナシの台木……72
（2）西洋ナシの台木……72
2　接ぎ木の実際……73
（1）接ぎ木苗づくり……73
（2）高接ぎ更新のやり方……73
3　接ぎ木後のケア……74
■核果類（モモ・スモモ・ウメ・オウトウなど）
1　台木づくり……75
（1）実生による台木づくり……75
（2）さし木による台木づくり……76
2　接ぎ木の実際……76
（1）芽接ぎのやり方……76
（2）休眠枝接ぎのやり方……79
3　接ぎ木後のケア……79
■ブドウ
1　ブドウの繁殖方法……80
（1）繁殖の特徴……80
（2）接ぎ木法の選択……80
2　接ぎ木の実際……80
（1）さし木による台木づくり……80
（2）緑枝接ぎの方法……82
3　接ぎ木後のケア……85

■クリ
1 実生による台木づくり……86
（1）種子のくん蒸と貯蔵……86
（2）播種……86
2 接ぎ木の実際……86
（1）穂木の採取と貯蔵……86
（2）接ぎ木の時期と方法……86
（3）剥ぎ接ぎ（腹接ぎ）の作業……87
3 接ぎ木後のケア……88
■クルミ
1 実生による台木づくり……88
（1）台木の種類……88
（2）種子の準備と播種……88
2 接ぎ木の実際……89
（1）穂木の採取……89
（2）接ぎ木作業……89
（3）簡易電熱温床の利用……90
3 接ぎ木後のケア……90
■カキ
1 実生による台木づくり……91
（1）共台とマメガキ台……91
（2）種子の準備と播種……91
2 接ぎ木の実際……91
（1）穂木の準備……91
（2）接ぎ木作業……92
（3）高接ぎ更新……92
3 接ぎ木後のケア……93
■イチジク
1 さし木による苗づくり……93
（1）さし穂の採取と貯蔵……93
（2）さし木の時期とさし穂の調製……93
（3）さし木床の準備……94
（4）さし木の作業……94
（5）さし木後の管理……95
2 接ぎ木による苗づくり……95
■キウイフルーツ
1 実生による台木づくり……96
2 接ぎ木の実際……97
（1）穂木の準備と接ぎ木……97
（2）接ぎ木作業……97
（3）受粉用の雄の枝の高接ぎ……97
3 接ぎ木後のケア……98

4 さし木による苗づくり……98

■ビワ
1 実生による台木づくり……99
2 接ぎ木の実際……99
（1）時期と方法……99
（2）穂木の調製……100
（3）接ぎ木作業……100
3 接ぎ木後のケア……100
4 均一な大苗をつくるポット育苗……101

■ブルーベリー・木イチゴ・スグリ類
1 ブルーベリー……102
（1）休眠枝ざしによる苗木づくり……102
（2）緑枝ざしによる繁殖……104
（3）サッカーを用いた取り木繁殖……105
2 木イチゴ・スグリ類……105
（1）木イチゴ類の取り木・さし木……105
（2）スグリ類の取り木・さし木……106

■カンキツ類
1 実生による台木づくり……107
（1）種子の準備と播種……107
（2）苗ほへの移植と管理……108
2 接ぎ木による苗木づくり……108
（1）穂木の採取と貯蔵……108
（2）腹接ぎの作業……108
（3）切り接ぎの作業……110
（4）接ぎ木後のケア……111
3 高接ぎ更新の実際……112
（1）穂木の準備……112
（2）中間台木の整理……112
（3）腹接ぎの作業……113
（4）接ぎ木後のケア……113
（5）接ぎ木翌年の管理……116

■熱帯果樹（アボカド・マンゴー・パパイヤ・パッションフルーツなど）
1 アボカド……116
（1）穂木の採取と貯蔵……116
（2）実生台木づくりと接ぎ木の実際……116
（3）接ぎ木後のケア……118
2 マンゴー……118
（1）穂木の採取と貯蔵……118
（2）実生台木づくりと接ぎ木の実際……118
（3）接ぎ木後のケア……119

3　パパイヤ……119
（1）実生苗づくりと穂木の採取……119
（2）接ぎ木の作業手順……120
（3）接ぎ木後のケア……121
4　パッションフルーツ……121
（1）穂木の採取……121
（2）さし木・接ぎ木の実際……121
（3）さし木・接ぎ木後のケア……121
果樹繁殖と種苗法——123

I

自分でやる果樹繁殖の楽しみ

果樹の種類に適した接ぎ木やさ（挿）し木などの繁殖法をマスターすれば、果樹栽培の楽しみをもっとふくらませることができる。繁殖の目的の第一は、望みの品種をふやすことだが、樹のいろいろな性質を変えることもできる。

例えば、①早く果実を成らせる、②作業しやすいコンパクトな樹に育てる、③耐寒性や病害虫抵抗性などを強める、さらには、④果実の糖度や品質を高めるなどの効果が得られる。古くは、アレキサンダー大王がコーカサスから持ち帰ったリンゴなどの果樹を哲学者・植物学者のテオフラトスらが接ぎ木で殖やしたとされるほど、果樹繁殖は大きな楽しみを与えてくれる。

1 覚えよう 果樹繁殖の用語と方法

この章では、果樹繁殖のもたらす楽しみを紹介するが、その前にまず本書で使う主な用語を覚えておこう。きょう（喬）木・かん（灌）木など樹の区分、幼木・若木・成木など果樹の生長段階の呼び方、休眠枝・緑枝・一年生枝など枝や芽の呼び方、穂木・台木など繁殖法の基本的な用語を図1に示した。

繁殖法は、大きく栄養繁殖と種子繁殖とに分けられる。栄養繁殖は枝や根などの栄養器官から植物体を育てる方法で、さし木、接ぎ木、取り木などの方法がある。生長点などを無菌状態で培養する茎頂培養法も栄養繁殖法のひとつである。

種子を発芽させて植物体を育てる方法が種子繁殖で、育った植物体を実生《みしょう》という。実生は遺伝的性質が両親とは異なってしまうため、既存品種の繁殖法には適さない。そのため種子繁殖は接ぎ木のための台木づくり、あるいは研究機関・種苗業者などによる育種（品種改良）の場面で用いられる。ただし、多くの果樹の実生は、結実するまでに長年を要し、交雑育種で優れた新品種が生まれる確率は一〇〇～一〇〇〇分の一と低いため、個人で育種を楽しむことは難しい。

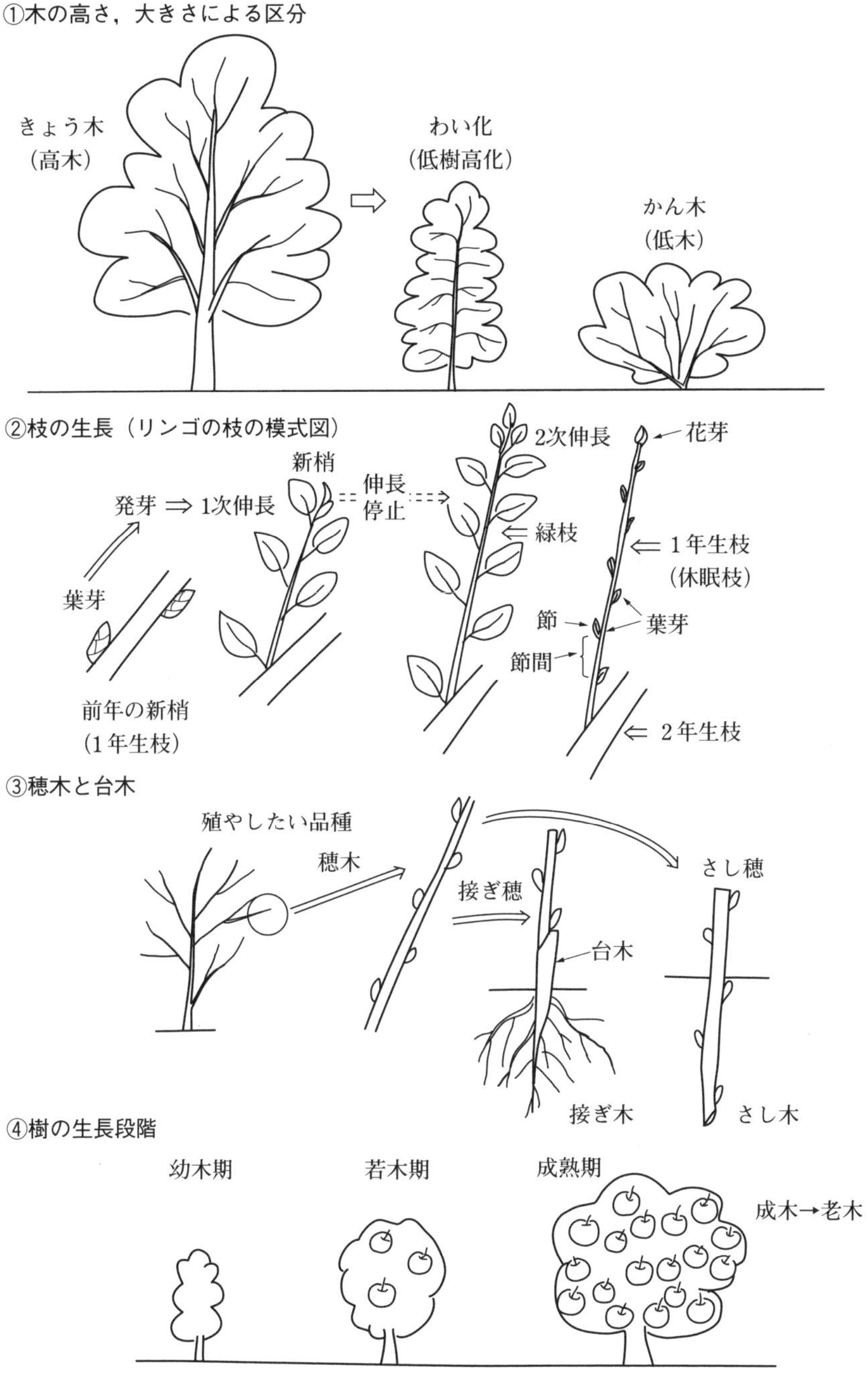
①木の高さ，大きさによる区分
きょう木
（高木）
わい化
（低樹高化）
かん木
（低木）
②枝の生長（リンゴの枝の模式図）
発芽 ⇒ 1次伸長
新梢
伸長
停止
2次伸長
花芽
緑枝
1年生枝
（休眠枝）
葉芽
節
葉芽
節間
前年の新梢
（1年生枝）
2年生枝
③穂木と台木
殖やしたい品種
穂木
接ぎ穂
さし穂
台木
接ぎ木
さし木
④樹の生長段階
幼木期
若木期
成熟期
成木→老木

図1　果樹繁殖の用語

2 樹が大きく変化——早く・楽に・強く・おいしく

接ぎ木繁殖した果樹は、穂木にした品種（穂品種）の遺伝的な特性は変わらないが、台木の影響によって穂品種の生育特性を大きく変化させることができる。

早く成らせる

きょう木性果樹（高木に育つ果樹）は、幹や枝や幹だけが生長して花芽や果実を着けない年数の長いことが特徴である。「モモ・クリ三年、カキ八年」の諺に代表されるように結実までに長い年月を要するが、穂品種の枝や芽を台木に接ぎ木することによって結実期を早めることができる。実生の穂木を接ぎ木した場合も同様である

リンゴやナシなどの落葉果樹の樹種では花芽の着いた休眠枝を接ぎ木して、接ぎ木したその年に開花・結実させることもできる。

小さいから収穫がラク！
うへぇ〜
もう実を
着けている!!
ガンバルモン
わい性台木

■早く，楽に，強く，おいしくさせる楽しみ

写真1　わい性台木を使えば鉢栽培でリンゴを成らせることも

木をコンパクトにして作業しやすく

きょう木性の果樹でも、台木植物に接ぎ木するとコンパクトに育つ（低樹高化・小型化）傾向を示す。リンゴや西洋ナシなどで実用化されているわい性台木を用いると、穂品種は他の樹種にないほど小型化して、若い樹から実を着ける。最近では、わい性台木を利用してリンゴや西洋ナシをコンパクトに育てて密植栽培する方式が世界中に普及し、作業の省力化が図られている。わい性台木によるコンパクト化は、ガーデニングや鉢栽培（写真1）などを楽しむためにも適した方法である。

また、新梢が強く伸びずに花芽が着きやすいため、樹が徒長しやすい温暖多雨な暖地での栽培にも適している。わい性台木にはいくつかの系統（わい性～喬《きょう》性まで）があり、系統の選択によって穂品種の大きさが異なる。

望みの品種・系統をすばやく多量に殖やす

接ぎ木では、一〇cmほどの長さで芽が三つほど着いた枝を穂木として用いることが多いが、一芽だけ着いているような短い枝でも接ぎ木が可能である。一芽でよければ、二〇芽着いた一年生枝から二〇本の苗木を育てることができる。急いで殖やしたい品種の苗木がわずかだったり、優れた果実の成る枝変わりを発見したときなど、このようにして苗木をすばやく殖やすことができるというメリットがある。

病害虫や寒さ・乾燥に強くする

果実のおいしい品種が、病害虫に対する抵抗性が優れたり、気象条件や土壌条件によく適応する性質も併せもっているとは限らない。接ぎ木して育てた果樹の台木は、果実を着けずに、地中から吸収した養水分を接ぎ穂に送り込み、接ぎ穂は葉で光合成を行なってその産物を台木に送り込むという役割分担をしている。そのため、いろいろな特性をもった台木を選ぶことによって、病害虫や凍害・湿害・干害などに強い樹を育てることができる。

主な例として、リンゴや西洋ナシのわい性台木、カンキツ類のわい性台木（カラタチなど）、ブドウネアブラムシ（フィロキセラ）抵抗性台木（ルペルトリス、ベルランディエリー、リパリア、雑種台木）、カキの耐寒性台木（マメガキ）、ナシの耐寒性台木（ホクシマメナシ）などがあげられる。また、ホクシマメナシはナシ果実のユズ肌症の発生防止の目的でも利用される。モモの耐湿性台木（ミロバランスモモ）やネコブセンチュウ抵抗性台木（オキナワ、ネマガード、筑波系）、リンゴのリンゴワタムシ抵抗性台木（マルバカイドウ、MM系台木）、ナシの火傷病抵抗性台木（オールドホームやOHF）などもある。

着色がよくなり、糖度が高まり、おいしい果実に

植物の葉は光合成を行なって糖を合成し、合成された糖は果実や枝・幹・根などに分配され、生長と果実の肥大・成熟に使われる。糖の果実への分配率を高めるには、果実に太陽光線が当たることが必要で、そのためには繁った樹の内部まで太陽光線がよく入る樹姿に育てることが必要である。

わい性台木に接ぎ木して樹体のコンパクト化を図ると、樹の頂部や外周部だけでなく、下部・ふところ内部まで光が当たるようになる。その結果、果実に分配される糖が増え、果実の肥大・着色がよくなり、糖度が高まる。

3 だれでも、いつでも樹のリニューアル

接ぎ木で品種更新

新しい品種に
衣がえ〜
オッ　新着に
着替えさせてくれるの？
こんどはどんな品種？

■誰でも簡単に樹をリニューアル

かん木（低木）類を除いてきょう木性果樹のほとんどは、接ぎ木で繁殖することができる。この特性を利用すれば、購入した新品種の苗木から枝や芽をとって既存の苗木や幼木に接ぎ木することで、すばやく品種更新ができる。

一方、大きな樹であっても、地上から高い位置の枝に多数の枝を接ぎ木することで品種更新ができる。これがきょう木性の果樹を中心に行なわれる高接ぎ更新である。高接ぎ法には、多数の成り枝（開花・着果する枝、結果枝）に接ぎ木をする成り枝一挙更新法と、太い枝に少数接ぎ木して更新していく太枝更新法とがある。成り枝更新法は、接ぐ手間がかかるが、品種更新は早くできる。高接ぎするときは多量の枝を切り落とすため、栽培上はさまざまな注意が必要である（Ⅲ章67頁参照）

一本で色とりどりの実を成らせる

きょう木性の果樹であれば、一樹に多数の品種を接ぎ木して楽しむことができる。リンゴで、鮮やかな赤、濃い赤、明るい黄色など色とりどりに着色して、目で見てきれい、食べて個性ある味わ

写真2　1本の樹に黄色のシナノゴールドと赤い千秋の成ったリンゴ樹

いというように、二倍三倍に楽しむことができる（写真2）。

接ぎ木ではウイルスやウイロイド病に注意を

リンゴやナシなどの落葉果樹では、接ぎ穂が保毒しているウイルスによって生じる高接ぎ病やさび果病、ウイロイド（ウイルスに類似）が原因で、果実の表面がユズのように凹凸となるユズ果病などが問題となる。注意点として、ウイルスフリーの表示のある苗木を購入すること、果実などに症状の出ていない樹から接ぎ穂を採取することなどが重要である。リンゴの高接ぎ病はマルバカイドウ台木で問題となりやすいので、高接ぎ病の原因となるアップルクロロティクリーフスポットウイルス（ACLSV）を保毒していない穂木を使うほか、マルバカイドウ台木で健全に生育している木や苗木から穂木を採って用いるのが有効である。

カンキツ類などの常緑果樹の接ぎ木でも、ウイルスフリーやウイロイドフリーの穂木を用いることが重要である。

4 この樹種にこの繁殖法——最適な組み合わせ

茎、枝、根などの一部を切り取って繁殖する栄養繁殖の方法には、さし木法、接ぎ木法、取り木法、株分け法、地下茎利用法、組織培養法などがある。果樹の繁殖では、さし木や接ぎ木が主に用いられる。

表1 果樹の分類とそれぞれに適した繁殖

落葉果樹	○核果類	モモ（接ぎ木），オウトウ（接ぎ木），ウメ（接ぎ木，さし木）
	○仁果類	リンゴ（接ぎ木），ナシ（接ぎ木）
	○堅果類	クリ（接ぎ木），クルミ（接ぎ木），アーモンド（接ぎ木）
（小果樹類）	○液果	ブルーベリー（さし木，接ぎ木）
	○木イチゴ類	ラズベリー（取り木，根ざし），ブラックベリー（取り木，根ざし）
	○つる性	ブドウ（接ぎ木），キウイ（接ぎ木，さし木）
	○その他	カキ（接ぎ木），イチジク（さし木），ザクロ（さし木）
常緑果樹	○木本性	カンキツ類ーオレンジ，ミカン，グレープフルーツなどー（接ぎ木）
	○その他	アボカド（接ぎ木），マンゴー（接ぎ木），マンゴスチン（接ぎ木），他

表2 果樹の種類別台木とその繁殖法

リンゴ	マルバカイドウ（さし木），M系台木（取り木），JM台木（さし木，取り木）
ニホンナシ	ヤマナシ・ホクシマメナシ・ニホンナシ（実生）
セイヨウナシ	ヤマナシ台木（実生），クインス台木（さし木），オールドホーム中間台（接ぎ木）
ブドウ	テレキ5BB・5C・3309（さし木）
モモ	野生モモ・おはつもも・ニワウメ・ユスラウメ（実生），筑波系1－6号（実生，さし木）
スモモ・プルーン	スモモ（実生），スダイ（さし木）
オウトウ	マザード（実生），アオバザクラ・コルト・タイザンフクン・ミドリザクラ（さし木）
ウメ	ウメ（実生）
アンズ	アンズ（実生）
カキ	カキ・マメガキ（実生）
クリ	クリ・シバグリ（実生）
キウイフルーツ	キウイフルーツ（実生）
マルメロ・カリン	マルメロ・カリン（実生）
ギンナン	ギンナン（実生）
クルミ	オニグルミ・ヒメグルミ・クルミ（実生）
温州ミカン・カンキツ類	カラタチ・ユズ・シイクワーシャー・ヒリュウ（実生）
ビワ	ビワ（実生）

果樹の分類とそれぞれに適した繁殖法を表1に、果樹の種類別の台木の繁殖法を表2に示す。

リンゴ、ナシ、オウトウ、カキ、クリ、クルミなど多くのきょう木性の落葉果樹は、さし木による発根性が劣るため、栽培品種は主に接ぎ木法で繁殖する。また、ビワ、カンキツ類や、低木性果樹でもユスラウメ、ビワ、フェージョアなどは、さし木で根が出にくいため、主に接ぎ木法で繁殖する。

さし木法や取り木法で繁殖しやすい果樹は、ブドウ、イチジク、小果樹類（木イチゴ類、ブルーベリー）、熱帯果樹類などである。ブラックベリー、パープルラズベリー、ブラックラズベリーなどのつる性や半つる性の木イチゴ類は、垂れ下がった新梢の先端に土を盛って発根させて切り取る取り木法が用いられる。

ブドウはさし木して発根した台木（栄養系台木）に休眠枝や緑枝を接ぎ木する方法で繁殖する（休眠枝・緑枝など枝の呼び方については図1参照）。また、栄養系台木の休眠枝に接ぎ木（鞍接ぎ）した状態でさし木して発根させる繁殖法も用いられる。

リンゴの繁殖は主に接ぎ木法によるが、台木に用いられるマルバカイドウやJM7台木は、休眠枝を用いたさし木法で繁殖することができる。

モモの台木の繁殖には主に種子繁殖した実生台木が用いられるが、ミスト装置を用いた緑枝ざし法も有効である。

スモモは実生台木や栄養系台木に接ぎ木して繁殖するが、さし穂の基部にNAA（ナフタレン酢酸……オーキシン作用がある）処理した緑枝ざし法（長枝の深ざし）でも繁殖できる。

ウメは主に実生台木に接ぎ木して繁殖するが、六月頃に緑枝を用いて基部へIBA（インドール酪酸……オーキシンの作用がある）などの発根促進剤を処理して緑枝ざし法でも繁殖できる。

カキは、主に実生台木に接ぎ木して繁殖する。また、台木の繁殖には根ざし法が用いられる。休眠期に掘り上げた径一cmほどの根を一五cm程度に切って用いる。

キウイフルーツは、接ぎ木法やさし木法で繁殖する。

（小池洋男）

Ⅱ

「これで成功・安心」のポイント

1 知っておきたい接ぎ木・さし木の基礎

(1) 切り口から活着、発根するしくみ

茎や枝の構造とはたらき

果樹の接ぎ木では、穂木と台木を切るなどして、双方の切断部を合わせておくと、養水分の通導組織がつながって一個の植物体として生長を始める（活着という）。また、さし木や取り木などでは茎・枝・根の切った部分から根を発生させて切り離すことで新しい植物体ができる。このように、切断されたり傷つけられりした茎・枝・根のもつ再生力、活着力・発根力が、栄養繁殖を可能にしている。

そこで、樹木の茎・枝・根の構造と生長のし方、再生・発根のしくみを見ておこう。図1に、樹木の茎の構造を示した。基本的な構造は枝や根も同じである。茎は樹皮（表皮、皮層、皮目）、維管束（篩《し》部、形成層、木部）、髄から成り立っている。維管束は、形成層をはさんで内側の木部に導管、外側の篩部に篩管があり、これらが水分や養分の通導の役割をしている。形成層では細胞分裂が行なわれて、茎・枝・根が太るが、木部側で篩部側より多量に組織が形成されるため、二次形成

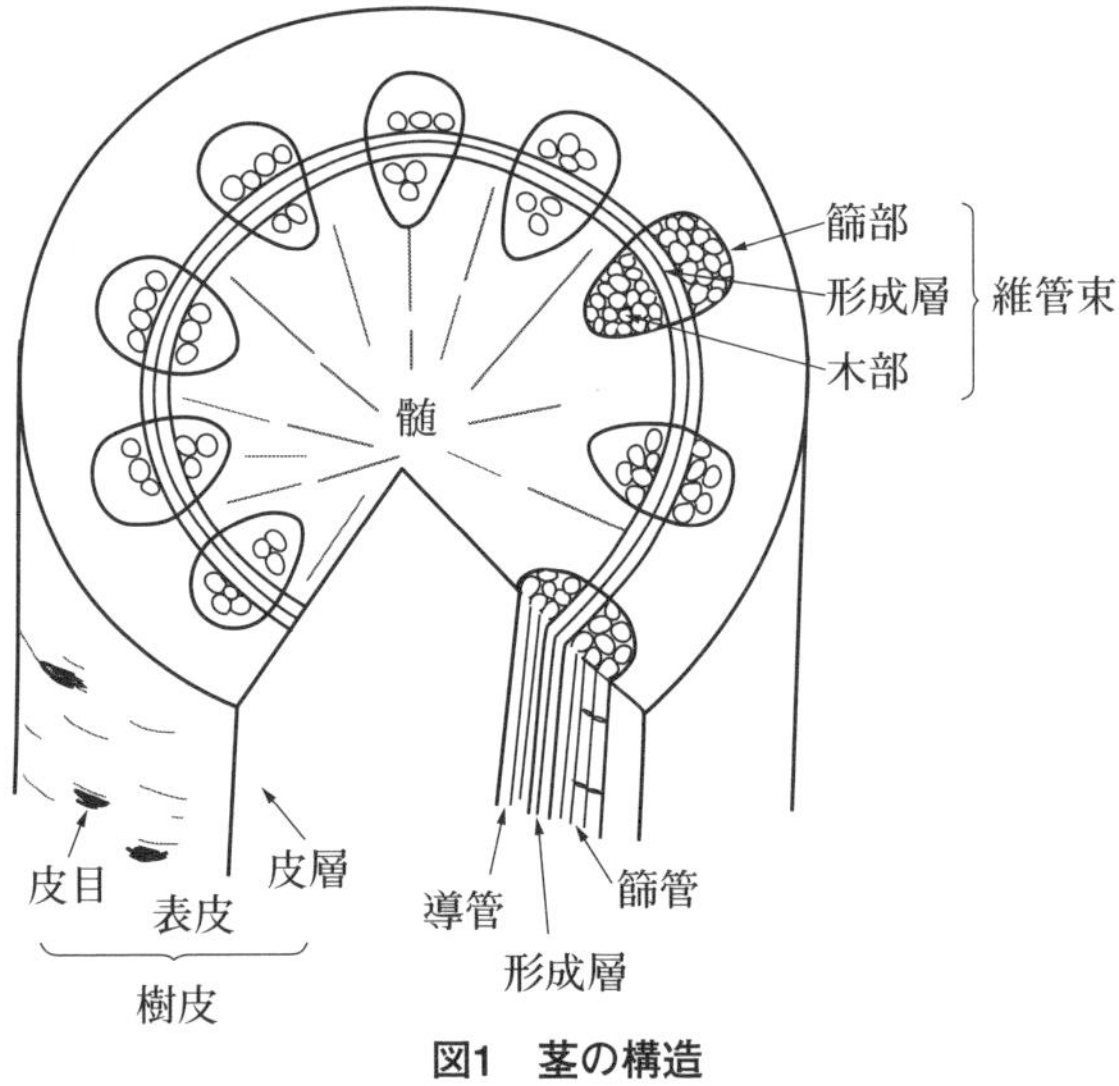

図1　茎の構造

層を外へ外へと形成して、年輪をつくって肥大していく。

カルスのもつ大きな役割

この形成層（分裂組織）が、接ぎ木の活着やさし木の発根に重要な役割を果たしている。形成層が傷つくと、その傷を治すためにカルスが形成される（写真1）。カルスは「癒《ゆ》傷《しょう》組織」ともいわれる。

接ぎ木後のカルス形成から活着に至る経過を、図2に切り接ぎの例、図3に芽接ぎの例で示す。まず台木と穂木（接ぎ穂や接ぎ芽）との合わせ目に壊死した細胞層（ネクロシスの層）が形成される。続いて、台木と穂木の切り口の形成層からカルスが形成されて壊死細胞層を突き破り、双方のカルスが癒合して、その中に連絡形成層ができ、維管束が分化・発達する。やがて、連絡維管束と

写真1　接ぎ木の接合部に形成されたカルス

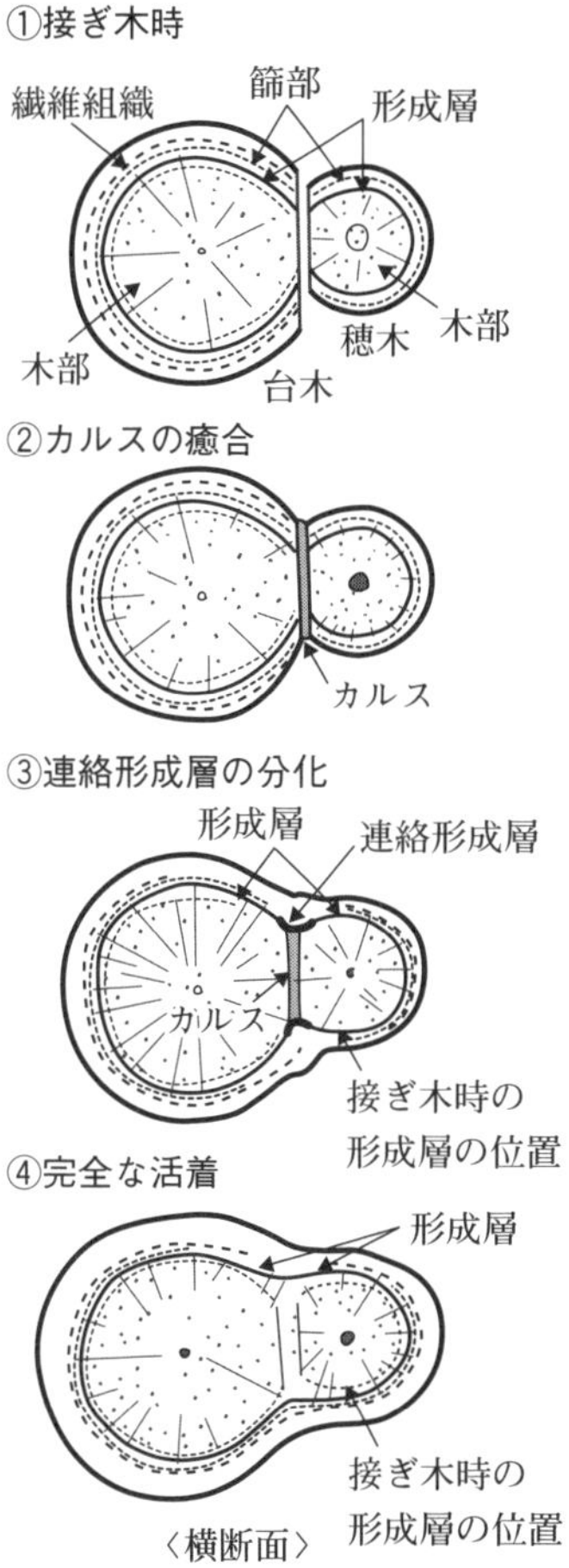

図2　切り接ぎにおける活着経過
（町田により改変）

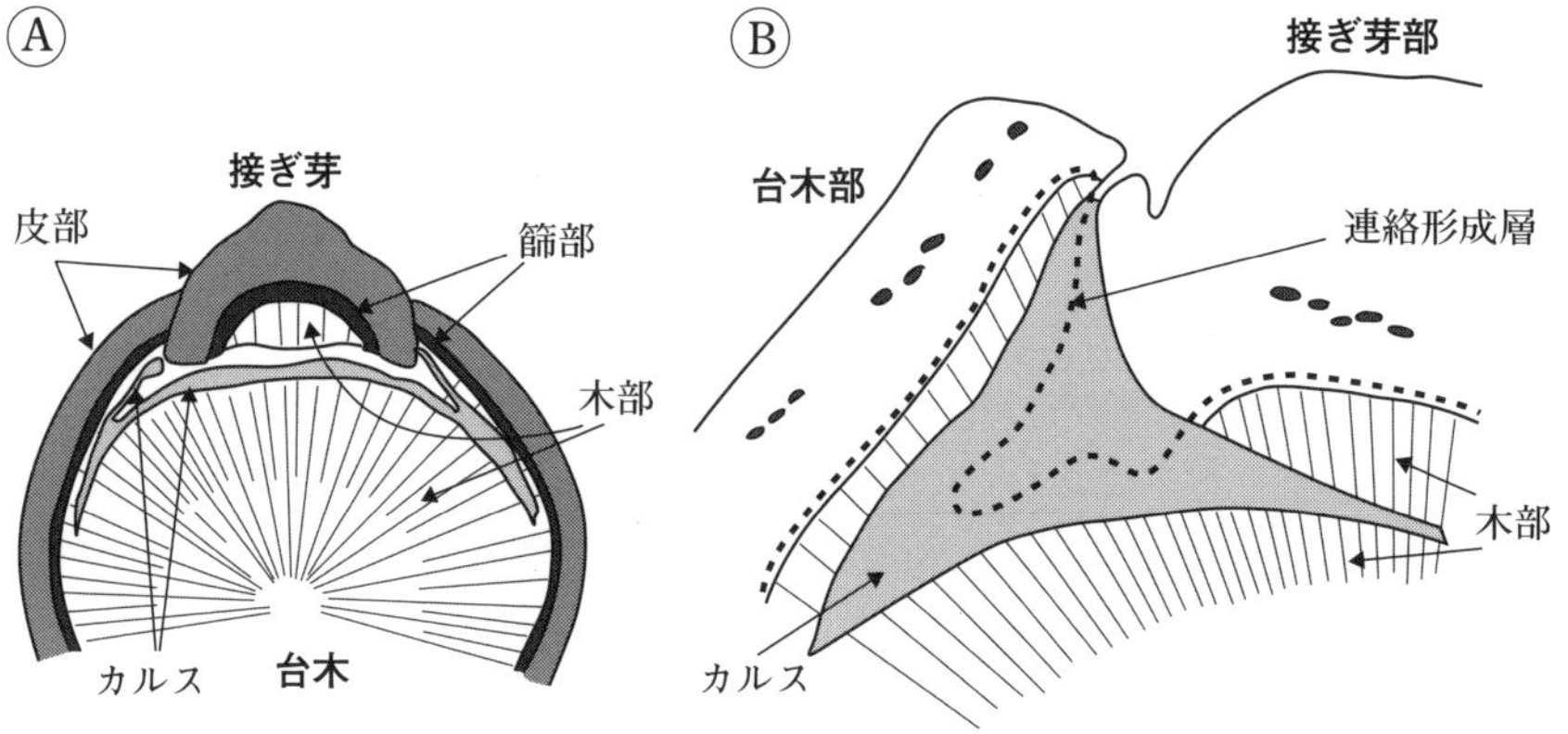

図3　リンゴのT字芽接ぎの結合部，横断面（Mosseらにより改変）
Ⓐ芽接ぎ3週間後。カルスが台木と接ぎ芽の間に形成されている
Ⓑ芽接ぎ8週間後（拡大図）。接ぎ芽と台木との隙間はカルスで満たされ，そのカルスの内部では連絡形成層ができ，古い形成層と結合している

台木・穂木の維管束とが連結して、接ぎ木による結合が完成する。これが活着である。

また、さし木のばあいは、切り口の形成層にできるカルス内に根源基が形成されて、発根する。

したがって、接ぎ木やさし木を成功させるには、第一に、活発にカルス形成を行なうための形成層が発達した穂木を用いることが重要である。これには、穂木の選び方、採取する時期、保存のし方などが関係する。第二にカルス形成と活着・発根を促すための接ぎ木とさし木の方法と環境管理が重要である。

（2）活着力・発根力の強い枝を育てる

枝の生長と充実の進み方

接ぎ木やさし木に最適の穂木は、前年春に伸長開始し、今冬に休眠に入った一年生の休眠枝である（写真2）。落葉果樹のばあい、晩秋に活動が止まり、夜間の気温がマイナスになり始めると自然落葉して休眠状態になる。このように早めに活動が止まり休眠に入ったものは、皮部が硬化して樹種固有の色（茶褐色やチョコレート色など）に変わっており、デンプンや糖分などの貯蔵養分を多く蓄えていて充実した枝である。接ぎ木・さし木後のカルス形成力が強い。

晩秋になっても活動が止まらず、おそくまで落葉せず、緑色のままの枝はチッソが多くデンプンや糖分の蓄積が少なく、軟弱なため、凍害などにも弱いし、接ぎ木の活着、さし木の発根後の生長が劣るので適さない。

充実した枝・芽ができる位置、よい枝姿

一本の樹の中では、充実した枝は日当たりのよい位置に発生し、節間が徒長せずにつまりぎみでずんぐりした姿をしており、芽が大きく育っている（写真3）。一方、日陰の枝は芽が小さく、太い基部に比較して先端部の太りが悪いことが特徴である。また、細い枝には貯蔵養分も少なく、接ぎ木やさし木後の生長が劣る。

また、接ぎ穂やさし穂には、花芽の着いていない、葉芽の充実した一年生枝が適している（写真4）。花芽を着けて節間の短くつまった枝は、伸

写真2　ブルーベリーの休眠中の1年生枝（さし木用）

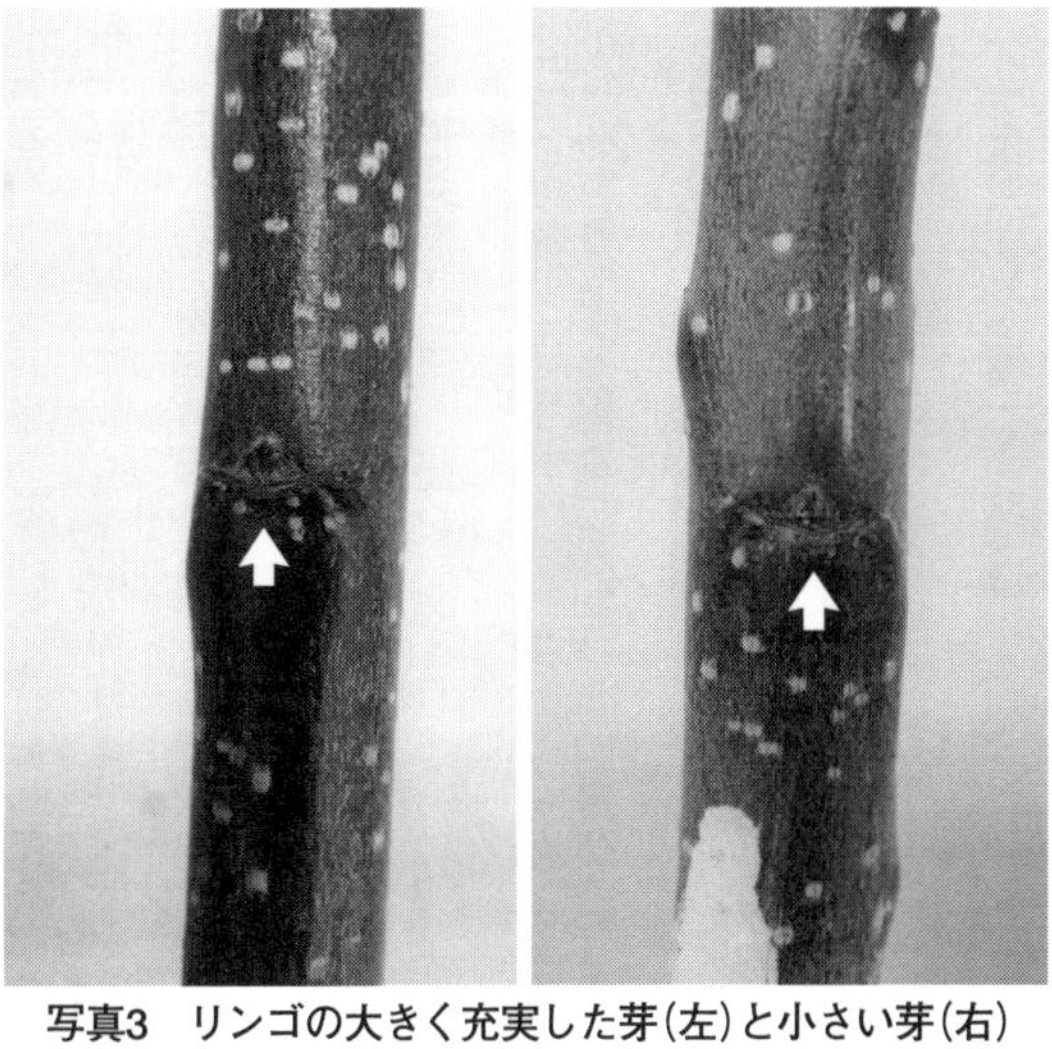

写真3　リンゴの大きく充実した芽（左）と小さい芽（右）

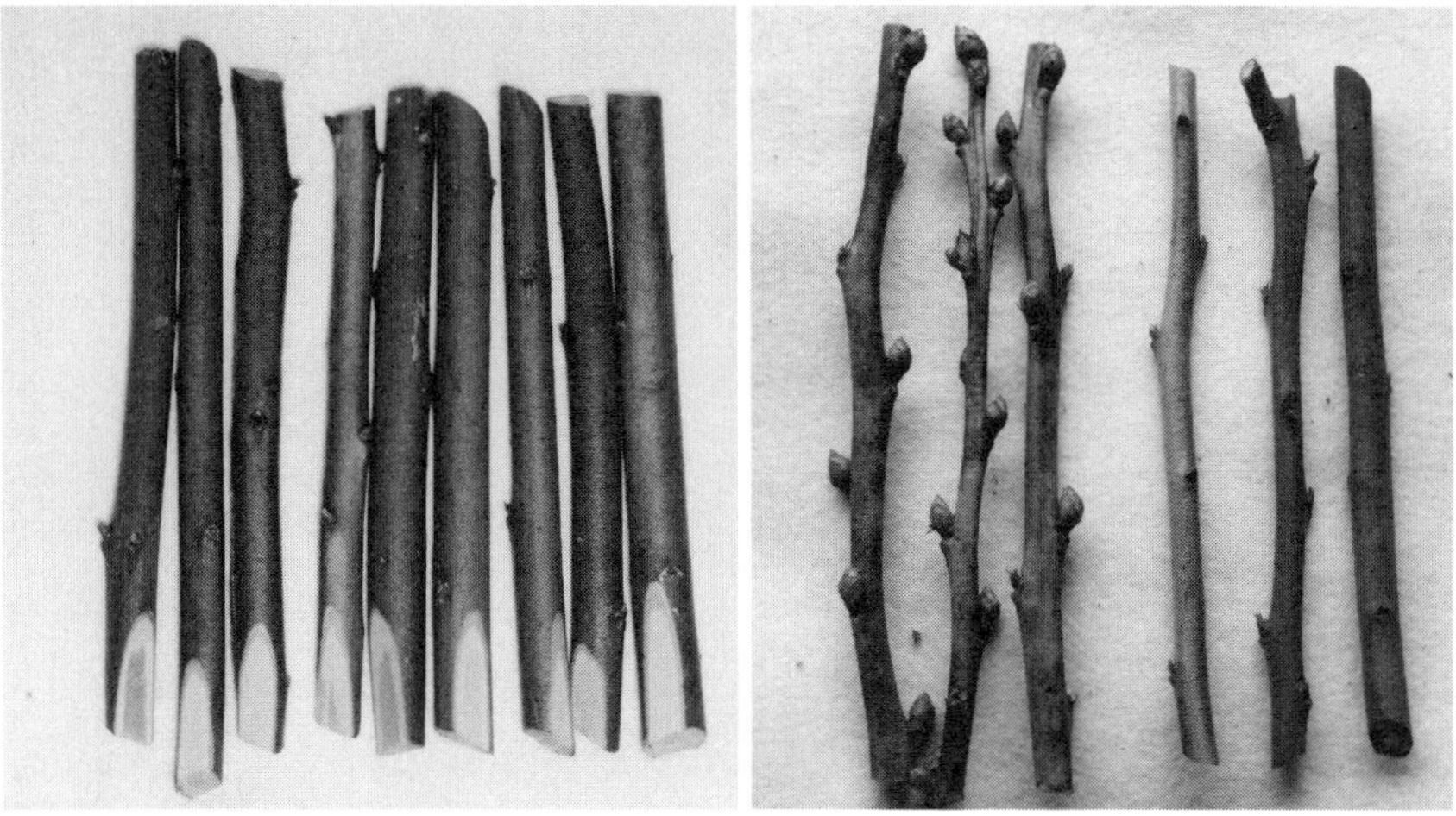

写真4　充実した葉芽の着いたブルーベリーの一年生枝（左），花芽が着いて接ぎ穂に適さない枝（右）

びる力が弱いからである。先端付近に花芽がある枝や、基部の葉芽が小さく弱い枝を使うばあいは、先端部や基部を切り除いて、充実した葉芽の多い中間部位を用いる。

また、病害や凍害などの認められる枝、細くて伸びの悪い枝、ウイルスやウイロイド（16頁参照）に感染した枝、乾燥して樹皮がしわ状になったり、木質部や形成層が褐変したり、芽が伸びてしまった枝は穂木に適さない。

よい穂木を採る母樹の管理

果樹の一生は、Ⅰ章の図1の④（11頁）のように幼木期、若木期、成熟期に大別されるが、生理的な特徴から幼木期と若木期を幼若相、成熟期を成熟相、その過渡期を中間相と表現する。幼若相の生理状態にある樹は、花芽が着かずに強く伸びる枝が多発し、成熟相の生理状態にある樹は、枝の伸びが弱まって花芽が多く着く。また、成熟した一本の樹の中にも、幼若相・中間相・成熟相の生理状態を示す部位があり（図4）、幼弱相の部位から発生した枝は発根力が優れるが、枝は徒長しやすくなる。中間相を示す部位から発生した枝は、芽の充実がよく、生長力と発根力を兼ね備える傾向がある。

多量の接ぎ穂やさし穂を使うばあいには、穂木採取用の母樹を育てて、毎年短く切りつめて新梢を発生させて用いる。このばあい、樹が幼若相の状態になり徒長しやすいので、充実した芽の着いた穂木を得るためには、枝に十分光が当たるような管理、チッソ肥料を過剰に与えないことなどが重要である。

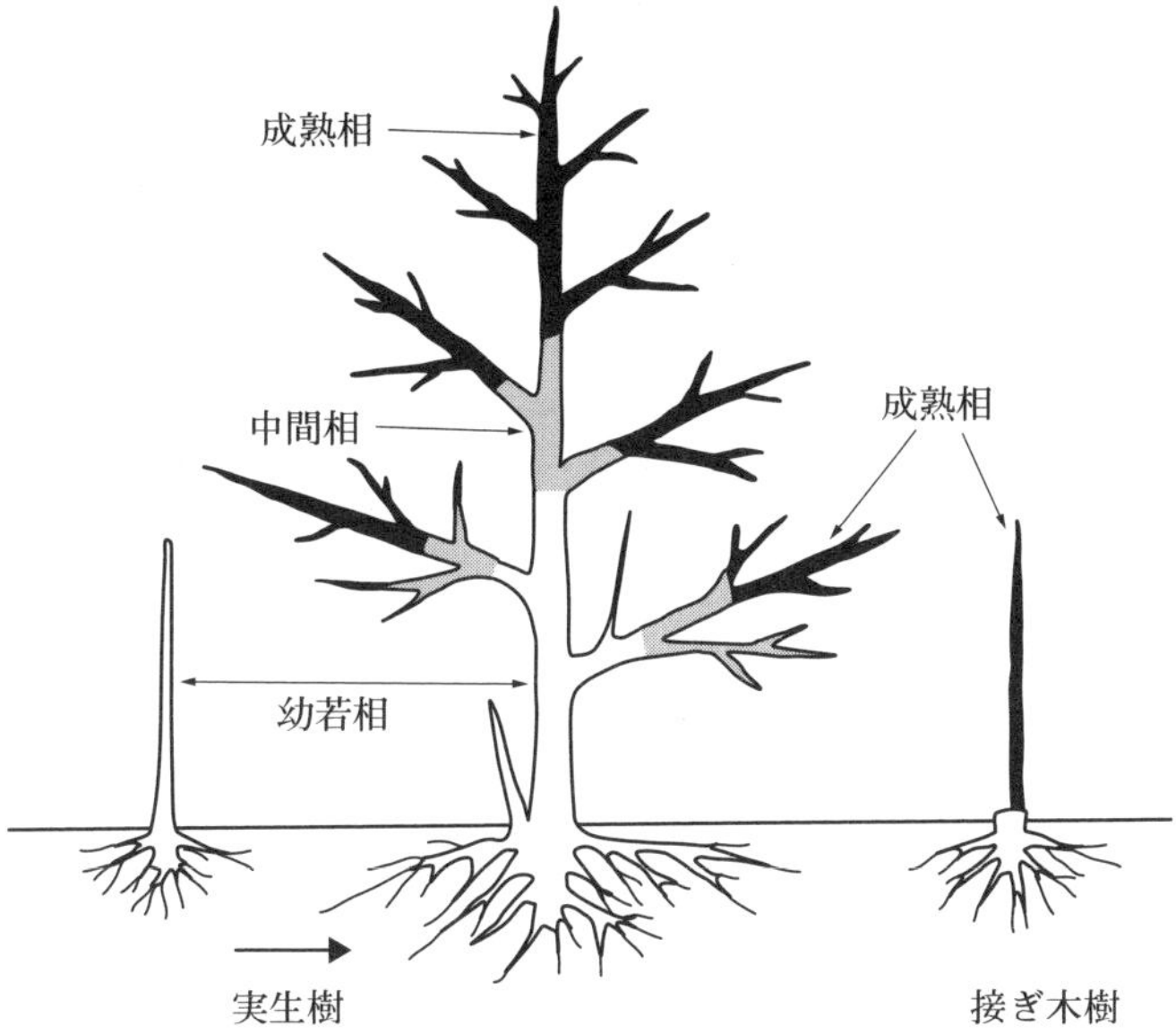

図4　実生樹と接ぎ木樹の質的ちがい（熊代により改変）
実生樹は成木相に達するのが遅れるが，接ぎ木樹は最初から成木相に達している

採取した穂木の保存環境

休眠枝の穂木は、春の発芽前に採取して用いる。接ぎ木・さし木作業まで時間があるばあいは、採取した穂木を厚めのポリ袋やビニール袋などに入れて密閉し、〇～五℃で乾燥させないように冷蔵する。

冷蔵保存は、穂木の乾燥などによる品質低下を避けるほか、発芽による養分の消耗を防ぐことが目的である。果実や野菜などと一緒に保存すると、果実や野菜が発するエチレンガスで芽の発芽が促進されたり阻害されたりする恐れがあるので、避ける。

採取した穂木には品種名、日付、場所などを書いたラベルを付ける。

写真5　リンゴの休眠枝の切り接ぎ，その発芽
左：切り接ぎ，右：発芽（2本）

新梢の芽や緑枝を使うばあい

新梢の芽を接ぐ「芽接ぎ」のばあい、新梢の伸長が止まり充実する八月中旬～九月が適期となる。夏から秋は樹液の流動が盛んな時期で、台木の皮がはがれやすい時期でもある。一般に、枝の基部は芽の充実が悪い傾向があるので、新梢の中間部位から充実した芽を切り取って用いる。

落葉果樹などで新梢を穂木にして接ぐ方法が緑枝接ぎ、さし木する方法が緑枝ざしである。このばあいも、新梢の生長が停止して枝が硬くなり始めた枝（熟枝）の充実した部位（中間部位）を用いる。

2 接ぎ木 成功のためのテクニック

接ぎ木は、台木と穂木の樹皮を削って、樹皮と木部の中間にある形成層（分裂組織）を互いに接着させることから始まる。台木と穂木の形成層からは、上述のようにカルスが形成されて癒合し、カルス内に新たな維管束が形成されて台木と穂木の養水分の流れがつながることで接ぎ木が完成し、生長を始める。写真5はリンゴで休眠枝を切り接ぎし、活着後発芽した状態である。

（1）接ぎ木時期、穂木の採取と保存

接ぎ木法のいろいろと適期

台木をいったん掘り上げて室内などで接ぎ木する方法が「揚げ接ぎ」、圃場の台木に接ぐ方法が「居接ぎ」である。揚げ接ぎは、接ぎ木作業の期

間を長くとれるメリットがあり、落葉果樹では晩秋から早春に休眠中の台木を掘り上げて接ぎ木し、これを仮植えしておくか、地下室や冷蔵庫で湿度を保ちながら〇～五℃で保存しておいて、春以降に植える。

一方、居接ぎの適期は、穂木に休眠枝を使うばあい、台木の根が活発に伸長を始める時期（長野県では四～五月）である。

クルミ、ペカン、核果類（モモ・ウメ・アンズなど）のようにカルス形成力が弱くて接ぎ木のむずかしいとされる樹種では、カルス形成を良好にするために、気温が上昇する晩春まで接ぎ木を遅らせたり、掘り上げた台木を温床に植えておいて接ぎ木したりする方法が有効である。

新梢の芽を切り取って用いる芽接ぎでは、八月中旬～九月が適期である。上述のように、この時期は台木の樹液流動が活発で、穂木の芽もよく充実しているため、カルスの形成と活着が早く進む。

休眠枝の穂木は、発芽と乾燥を防ぐ

落葉果樹の休眠枝では、発芽する際に枝の中の貯蔵養分が使われる。そのため、発芽を始めた休眠枝を穂木に用いると、貯蔵養分が発芽過程で消耗してしまい、カルス形成に必要な養分が不足して接ぎ木部の活着が劣ると考えられる。穂木は発芽前に接ぐことが重要である。

また、樹木の茎や枝は、切り口など傷ついた部位が乾燥するとカルスを形成しなくなる。したがって、穂木用の休眠枝の貯蔵では、発芽を抑制することと乾燥させないことが重要になる。接ぎ木直前に切った穂木を接ぐばあいでも、穂木を湿った布などで包んで乾燥を防ぎながら接ぎ木作業をすると、カルス形成がよくなる。

台木と穂木の太さの近いもの同士を接ぐ

接ぎ木では、台木と穂木の形成層が接する面が多いほど、カルスの形成が盛んに進み活着が早まる。とくに切り接ぎでは台木と穂木の太さが揃っていることが望ましく、穂木の採取にあたっては、枝の充実ということだけでなく、太さを考えて選ぶようにする（図５）。穂木に一年生の休眠枝を用いて切り接ぎするばあい、台木は茎の太さが小

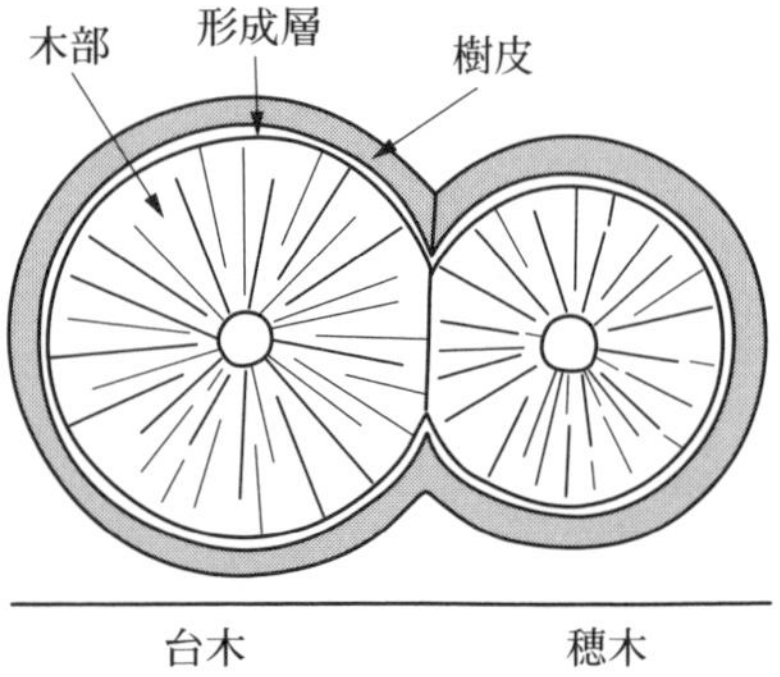

図5　穂木と台木の接着のさせ方

指ほどの一～三年生のものが適する。

果樹繁殖の実際場面では、太さの異なる穂木と台木を接ぎ木することも多い。植物は形成層のわずかな接合部からも多くのカルスを形成する能力がある。この性質を利用するのが、太い台木の皮をはがして形成層を露出させ、そこへ穂木を差し込む「剥《は》ぎ接ぎ」や、芽を差し込む「芽接ぎ」などである。台木の樹液の流動が活発で樹皮がはがれやすい夏季に行なうことで、カルスと連絡維管束の形成が促進される。

（2）接ぎ木作業のポイント

切り口はスパッと鋭く、形成層をピタッと合わせる

多くの樹種で行なわれる切り接ぎの標準的な手順を図6に示す。

カルスの形成と活着を促進するためには、台木と穂木の形成層の間に空隙をつくらず密着させること、切るときに形成層を傷めないことが大切である。そのために、よく切れる刃物を使ってなめらかな切断面とする。また、せん定バサミで枝を切るときにつぶれた組織を除くために、切り出しナイフなどの鋭い刃物を用いて切り直す（写真6）。

形成層の接合部を多くするためには、断面を斜めにして形成層の露出表面積を多くする。穂木と台木の太さが揃わないときは、斜め切りして片側の形成層をよく密着させるとよい。

最大のカギは乾燥防止――接ぎ木テープ

接ぎ木成功のカギは、できるだけ早くカルスを

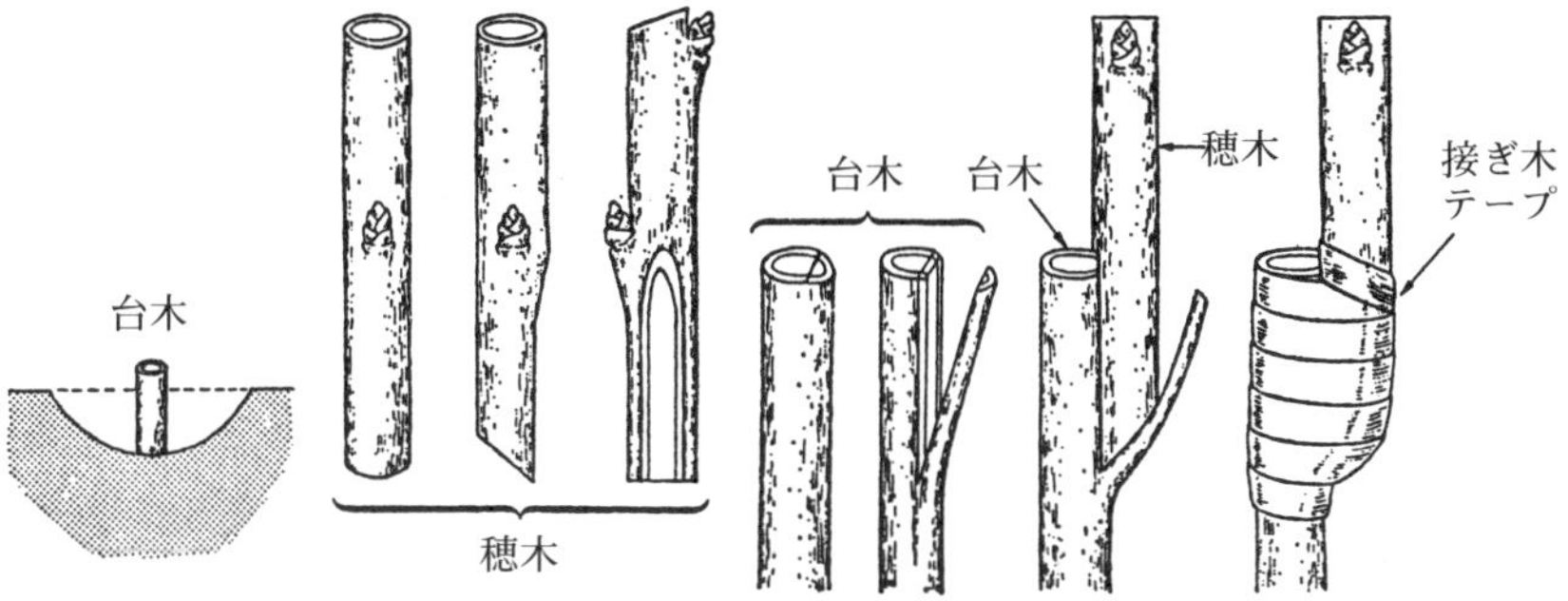

①台木を地際部で切る。②穂木を2～3芽ずつに切る。③ ③′ 形成層を露出させるように樹皮を切り取り，反対側も斜めに切る。④台木の一方をなめらかにするために軽く切る。⑤形成層を露出させるように切り下げる。⑥穂木と台木との形成層を合わせる。⑦接ぎ木テープでしばる。

図6　切り接ぎの手順（熊代により改変）

写真6　鋭利なナイフで切り口をなめらかな切断面にする

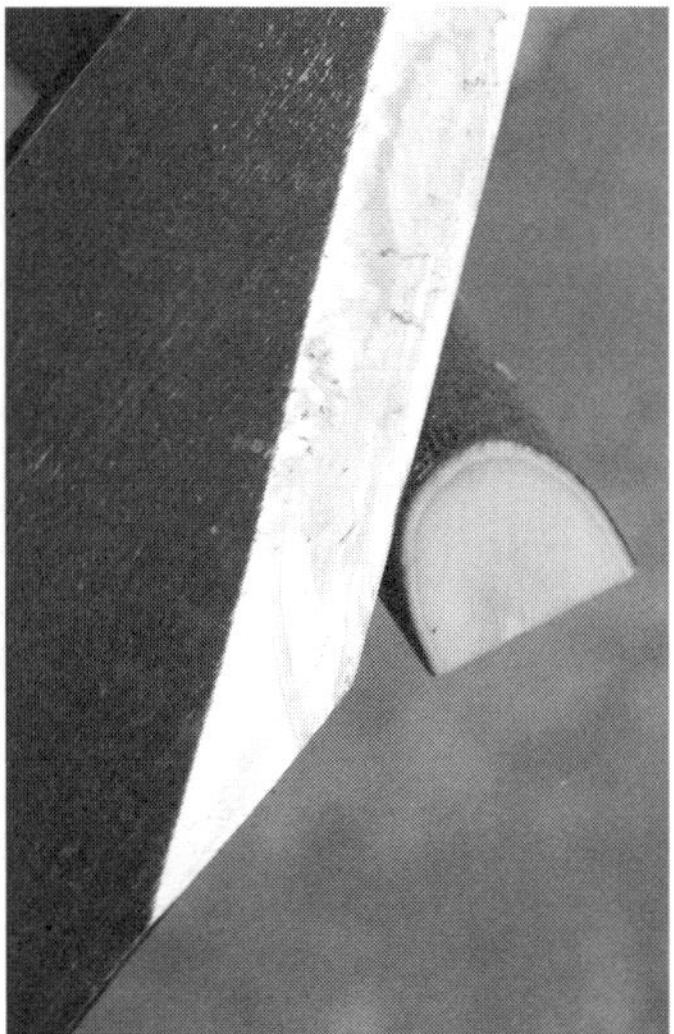

切り出しナイフ

写真7　接ぎ木部をテープで結束，密閉する（リンゴの高接ぎの例）

形成させることで、そのためには接ぎ木後、接合部の形成層を乾燥させないこと、また、雨水が入らないようにすることが重要である。そのために、写真7のように接ぎ木部をテープで結束し、塗布（ペースト）剤などを塗って密閉する。接ぎ木部の結束には強度と持久性に優れる塩化ビニール製接ぎ木テープを用いるとよい。なお、乾燥防止のためには接ぎ穂全体をパラフィンワックスフィルム（パラフィルム）やパラフィルム製接ぎ木テープ（メデール）で巻く方法もある。

接ぎ木テープは結束時に引っ張って伸ばすと収縮しながら強く結束することができる。ただし、このときテープをヒモ状に丸めて巻くと翌春までに枝にくい込んだ状態になってしまうので、テープは必ず平らに広げた状態で巻く。また、台木と接ぎ穂の太さが異なる場合は、テープを引っ張る側の形成層を接合させて結束すると、形成層がよく密着する。

切り口へのワックス処理とビニール袋かけ

台木と穂木ともに、切り口など露出した傷の部位を密封して乾燥を防止することが重要である。テープで巻ききれない傷口は、接ぎロウやトップジンペースト剤などの塗布剤を塗って皮膜をつくって水分の消失を防ぐ。

接いだ穂木や接合部の乾燥を防ぐのに、接ぎ木用のポリ袋やビニール袋をかぶせる方法がある（図7）。袋内部の温度が高まることでカルス形成が促進され、接ぎ穂の発芽が早まって生育が促進されるという効果もある。袋をかけるばあいでも、ナイフで削った部位を露出させないように接ぎ木テープで巻くことと、切り口に塗布剤を塗ることは欠かさない。

写真8　袋をはずすのが遅れて葉焼けが発生（リンゴ高接ぎの穂木の例）

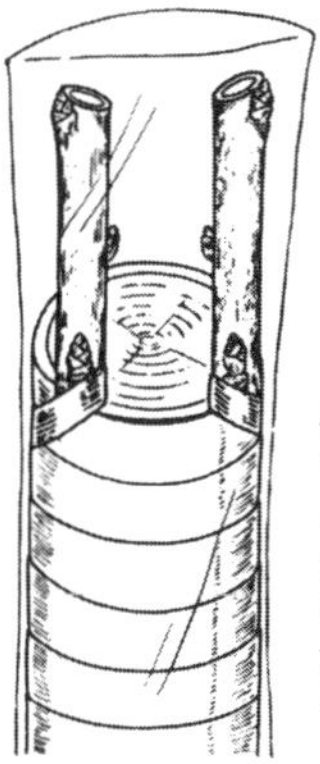
接ぎ木テープでしばったあと，ポリエチレン袋をかぶせて，袋の下方を軽くしばる

図7　接ぎ木部に袋をかぶせる（熊代により改変）

袋かけしたばあいは、ときどき観察し、新梢が袋内いっぱいに生育したら袋をはずす。この時期が遅れると葉焼けが発生して芽を傷めてしまう（写真8）。袋はずしのとき、湿度が一〇〇％に保持されている袋内で生育中の新梢をいきなり外気にさらすと、急激な蒸散に耐えきれずに萎びたり、枯れ込んだりする恐れがあるため、袋の先端部に穴をあけて数日かけて外気にならしてから、袋をはずす。なお、袋はずしには蒸散の少ない曇天日が向いている。

（3）接ぎ木活着後のケア

台木の芽かき、穂木の新梢整理のし方

接ぎ木後、穂木と台木から新梢（台芽）が発生して伸長する（写真9）。穂木の新梢をよく伸ばすために、台芽は小さいうちにかき取る。台芽が伸びすぎてから一気に切り取ると、生育不良や枯死を招きやすい。生育中にこの作業を数回繰り返して行なう。

写真9　穂木と台木から新梢が発生（リンゴの高接ぎの例）

穂木の新梢は葉をふやしながら光合成を行なって、糖分や発根促進物質を台木に供給する。穂木から数本の新梢が発生したばあいは、一本を残して切り取る。新梢が三～五cmに伸びた時期が、穂木の新梢整理の適期である。

高接ぎでの誘引など

高接ぎでは、穂木が地面から水平になるように接がれることが多く、これから出る新梢は直立ぎみに伸びる傾向がある（写真10）。直立した新梢は徒長ぎみに強く伸びて花芽が着きにくい。そこで、伸長途中で水平方向かやや下垂ぎみに誘引をしてやると、伸びが抑制されて花芽の着生が早まる。新梢をひねって水平にする方法（ねん枝）もある。

また、高接ぎでは、更新される元の品種（中間台木）から多数の新梢が出て、その多くが徒長枝になるので、中間台木の新梢を切り取る作業も春から夏にかけて数回行なう。

写真10　高接ぎでは新梢が直立ぎみに伸びやすい（リンゴ）

（4）芽接ぎの管理ポイント

接ぎ芽全体をテープで覆う

芽接ぎでは、T字芽接ぎ法とそぎ芽接ぎ法が多

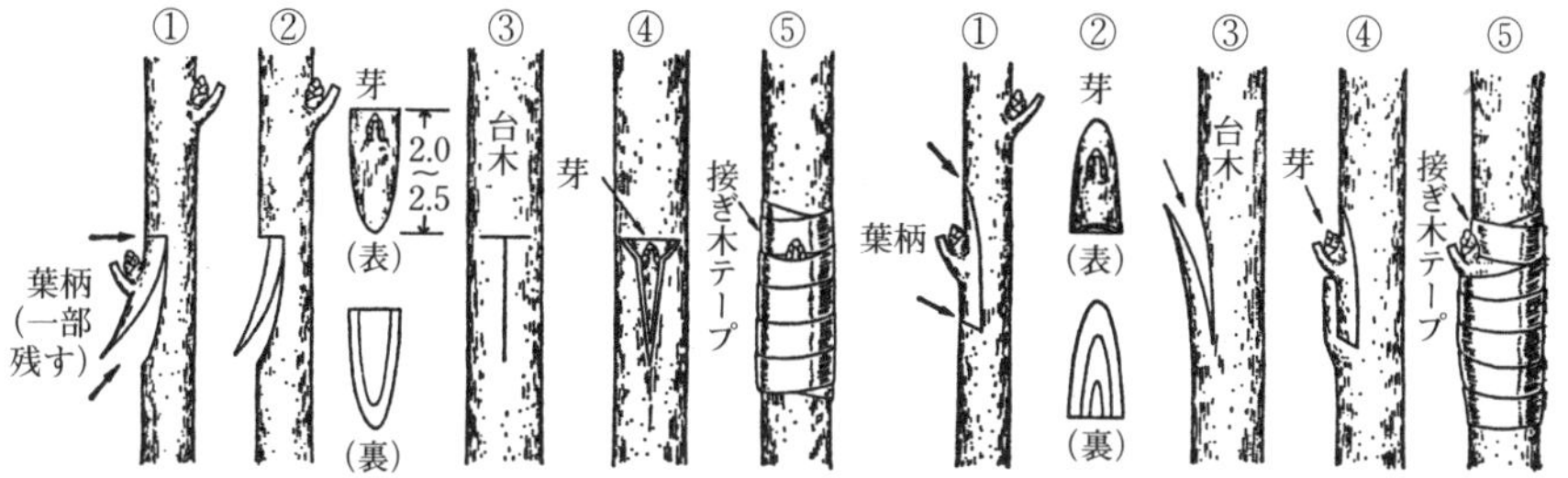

Ｔ字芽接ぎ（盾芽接ぎ）（単位：cm）

①芽の下と上からナイフを入れる。
②木部を残して盾状に芽をはがす。
③台木にＴ字形に切り目を入れる。
④Ｔ字形の部分にそって皮をはがし，芽を挿入する。
⑤接ぎ木テープでしばる。

そぎ芽接ぎ

①芽の上と下からナイフを入れる。
②芽をとる。
③台木に上からナイフを入れる。
④芽をはめる。
⑤接ぎ木テープでしばる。

図8 Ｔ字芽接ぎとそぎ芽接ぎの手順（熊代による）

く用いられる（図８）。適期はすでに見たように、台木の樹液流動が盛んで、接ぎ芽が充実してくる八月中旬から九月である。

Ｔ字芽接ぎは、新梢（緑枝）から葉柄を短く残して葉を除いた芽を切り取り、木部を除いて皮部と芽だけにしたものを接ぎ芽にする。台木は目的とする高さ（リンゴなどでは地表から二〇cmほどの位置）にＴ字型に刻み目を入れ、皮をめくって接ぎ芽を挿入して接ぎ木テープで巻く。

そぎ芽接ぎは、新梢の芽の上下にナイフを入れて木部が付いたまま切り取ったものを接ぎ芽とし、台木部に切り込みを入れて接ぎ芽をはめ込んでテープを巻く。パラフィンワックスフィルムの接ぎ木テープ（メデールなど）を巻いて、接ぎ芽全体をおおっておけば、翌年の発芽時に芽がテープを破って出てくる。

台木の切り戻しは春に

夏から秋に芽接ぎした台木は、そのまま越冬させて春の発芽前に、芽接ぎ部位のすぐ上部で切り返す。芽接ぎ部位より上から台木の芽が発芽して新梢が伸び出すと、接ぎ芽の発芽と生育が抑えられるため、接ぎ芽が頂端の芽となるように台木を切り返すわけである。台木の切り口にはトップジンMペーストや接ぎロウなどの塗布剤を塗って、乾燥を防ぐ。

接ぎ木不親和性とその障害の回避

接ぎ木の親和性（接ぎ木の連結部が接合するかどうか）が劣るばあいは、接ぎ木部で形成されたカルスが木化（リグニン化）せずに柔らかいままで、カルス内に形成層、導管、篩管などが分化しないために、接ぎ木活着が進まない。また、遺伝的に遠縁の植物を接ぎ木したばあいは、カルスの癒合の段階で拒否反応の生じることもある。一方、維管束が形成されたあとに、徐々に障害を生じるケースもある。

接ぎ木不親和には、結合部に水平状の折損（区切り状の線がわかる）症状などが生じたり、台木の形成層にネクロシスが生じたりして、樹勢低下や枯死を招く例もある。西洋ナシのわい性台木として用いられるマルメロ

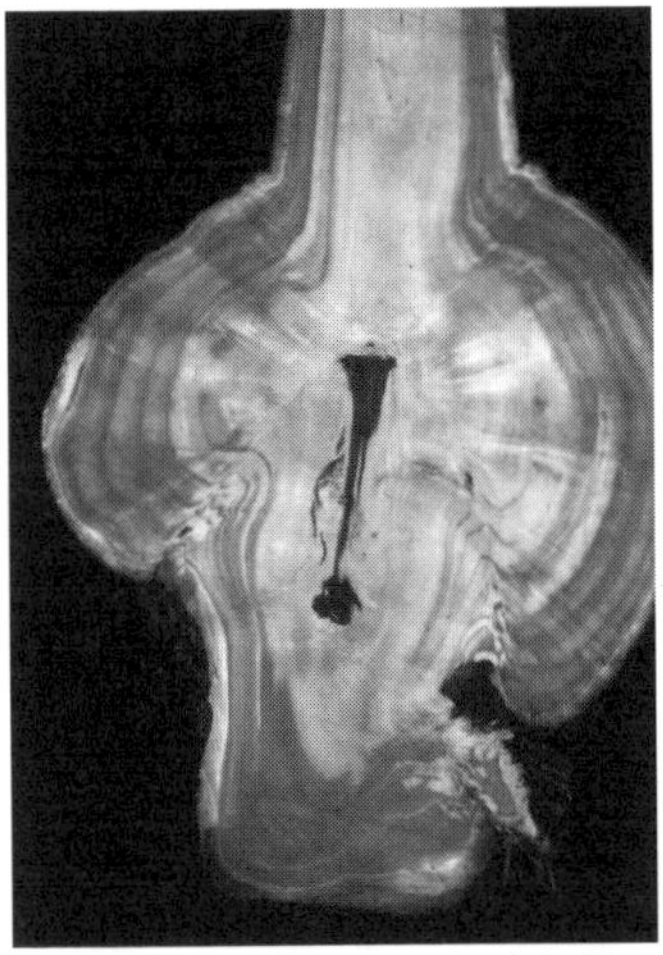

写真11　リンゴの接ぎ木部（接ぎ木コブ）の断面
M. 26台木のジョナゴールドを赤色素を吸収させて染色

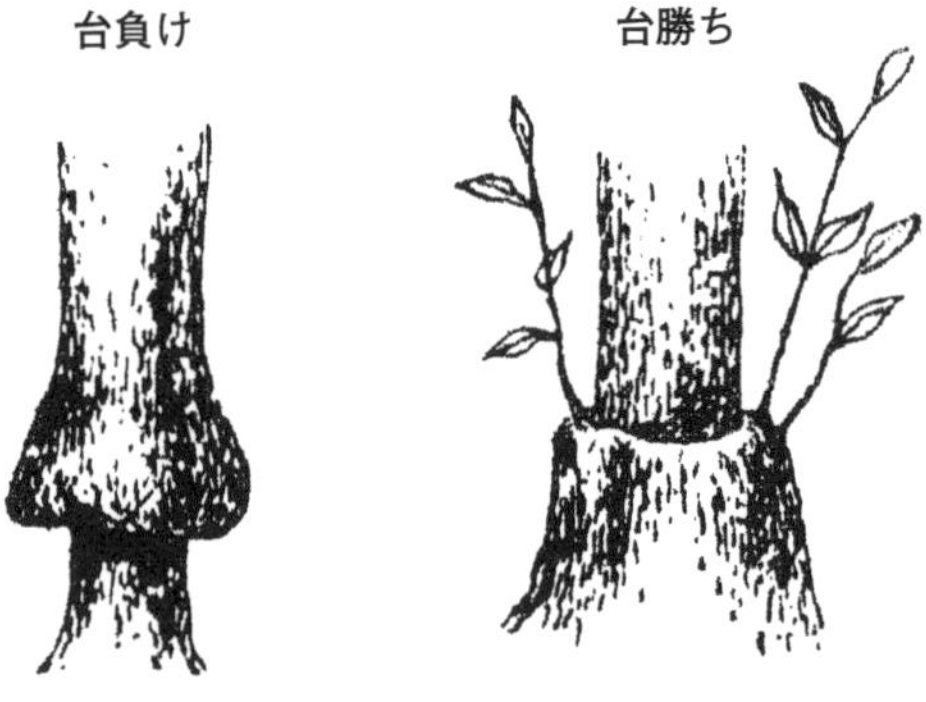

図9　カンキツにおける台負けと台勝ち
（Webberによる）

（クインス）台木は、接ぎ木親和性のすぐれる西洋ナシの品種（オールドホーム、ＯＨＦ台木など）を中間台木に用いることで、多くの西洋ナシ品種（穂品種）の接ぎ木が可能になっている。中間台木の利用によって接ぎ木親和性を得る好例である。

台木と穂木の形成層の配列が大きく異なるばあい、結合部で台木が穂木より太る「台勝ち」、細る「台負け」がおこることがある（図９）。また、接ぎ木部がコブ状に肥大することもある。（写真11）これらは樹の衰弱・枯死に結びつく著しい肥大差のばあいを除き、接ぎ木不親和の主原因にはなりにくい。

ウイルス・ウイロイドの感染は接ぎ木の不親和性や、樹の衰弱・枯死をもたらす高接ぎ病などの原因になる。接ぎ木による樹液伝染、せん定用ノコギリやナイフなどで伝染する。感染していない穂木を用いることが重要である。

3 さし木 成功のためのテクニック

（1）さし木法のいろいろ

さし木の方法には、さし床の場所や装置によって、露地ざし、温床ざし、ミストざし、密閉ざし、密閉ミストざしなどがある。リンゴの台木などは、露地ざしすることが多いが、樹種によっては温床ざしが用いられる。

また、さし穂に用いる植物体部位によって、枝ざし、葉ざし、葉芽ざし、根ざしなどに分けられる。枝ざしは、休眠枝ざし、半熟枝ざし、緑枝ざしなどに分けられる。主なさし木法は次のとおりである。

休眠枝ざし

さし穂には発根力の優れる一年生枝を用い、さし穂の採取時期は休眠期（発芽前）が適する。多くの樹種で発芽前の休眠枝を一〇～二〇cmに切って、上部の一～二芽が地上部に出る深さにさし木する。リンゴのわい性台木などでは五〇cmほどの長い穂木を深くさす方法も行なわれる。写真12は休眠枝ざししたブドウの苗が発芽・生長している様子である。

写真12　ブドウの休眠枝ざしの新梢の伸長

熟枝ざし

新梢の熟した部位（硬くなった部位）をさし木に用いる。適期は夏季になる。

緑枝ざし

落葉果樹、常緑果樹ともに伸長中の未熟な新梢を用いる方法である。休眠枝ざしより短期間で発根が始まるメリットがあるが、葉を付けたままさし木をするため、蒸散を抑制するための対策が必要で、間欠ミスト装置のある施設内に向いた方法である。なお、緑枝ざしでは発根促進剤の効果が高い。

図10　根ざし
休眠中の根を採取して上下を間違わずにさし木する。長さは15cmほど

根ざし

主に落葉果樹で用いる方法で、貯蔵養分が蓄えられた休眠中の冬～春に、根を採取してさし木する（図10）。掘り上げた苗木の根を使うこともあ

表1　さし木法によって繁殖可能な果樹類と台木の種類

栽培品種がさし木されるもの	イチジク，ブドウ*，オリーブ，スグリ，フサスグリ，ブルーベリー，キウイフルーツ*，グミ，ナツメ，ザクロ，ヘーゼルナッツ，ザクロ，カリン*，ニワウメ，アケビ，ユズ*，レモン*，シトロン*，スイートオレンジ*
台木類がさし木で繁殖されるもの	マルメロ（ビワの台木），マルバカイドウ，JM系台木（リンゴの台木），ブドウ台木，アオバザクラ，コルト（オウトウの台木），マンシュウマメナシ，モモ台木筑波系，ユズ，シトレンジ，ミロバランスモモ，その他

*印はさし木以外に接ぎ木法によって繁殖されるもの

る。根を長さ一五cmほどに切って、もともとの上部を上にしてさす。

一般にさし木では、さし穂を発根床に三分の二ほどさし込むと乾燥が防げる。また、肥料分のない通気性の優れる用土を用いて、床温を二〇～二五℃に保つと発根率が高まる。さし木法で繁殖される果樹の品種や台木の種類を表1に示す。

（2）さし木の発根と生長の進み方

さし穂の発根、発芽のしくみ

さし木すると、さし穂の基部の切り口にカルス（21頁参照）が形成され、やがてカルス内に根源基ができて発根する（写真13左、下部の切り口からの発根）。また、茎や枝の節に根源基

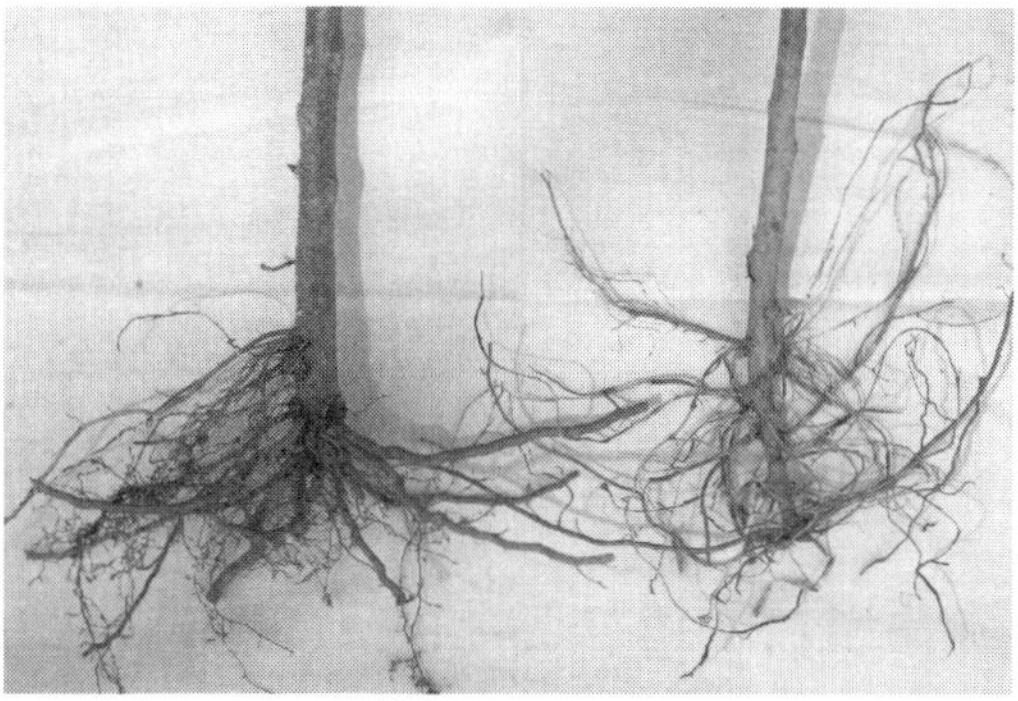

写真13　さし穂基部切り口のカルスからの発根（左下部），節の根源基からの発根（右）

をもっている樹種もあって、節の根源基からも発根する（写真13右）。カルス内に根源基が形成されて発根する根を「不定根」、節の根源基からの根を「定位根（定根）」と呼ぶ。

休眠枝ざしした穂木は、二芽ほどが発芽して伸長を始める。芽は、根のない穂木が床土から吸い上げた水と、穂木がもっていた貯蔵養分を使って伸長するが、やがて貯蔵養分が消耗して、伸長が停止する。さし穂の貯蔵養分によって異なるが、多くはさし木後三〇日ほどで停止となる。

芽・葉と根の協力関係が大切

さし穂の発根には、芽（生長点や幼葉）で合成されるオーキシン（ＩＡＡ）や葉で合成された発根促進物質が必要で、発根しやすい樹種ではそれらの物質の供給が多いといわれている。

休眠枝をさし木したばあい、さし穂から伸びる芽を除去したり、葉を摘み取ったりすると、発根が抑制される。その理由として、芽を除去したさし穂の発根部位ではオーキシン濃度の低下していることが知られている。オーキシン作用のある発根促進剤の処理で効果が得られるのは、このようなしくみによる。

写真14　さし木床で伸長停止していた新梢の再発芽

発根のサインは「再発芽」

樹種、地温、気温などで異なるが、落葉果樹の休眠枝ざしではさし木後五〇～六〇日から、緑枝ざしでは二五～三〇日頃から、さし穂の基部に形成されたカルス内で根源基が発達して発根が始まる。そして、発根開始とともに、新根が吸収した養分によって、伸長停止していた新梢の先端がふたたび伸び始める（写真14）。したがって、新梢の再発芽が発根のサインである。

以上から、さし床の水管理は、発芽して新梢が伸びている間は土が乾かないよう十分にかん水し、新梢が伸長停止し発根の始まる時期はかん水をひかえめにして、酸素供給をする。根の出る時期に水が多すぎると発根が劣り、根腐れも生じやすいからである。

（3）さし木作業のポイント

さし木の時期

さし木の発根に適した床温は、多くの樹種で一八～二五℃の範囲にあり、一五℃以下や三〇℃以上では発根が劣る傾向がある。露地でのさし木は地温が上昇する春が適期である。

休眠枝ざしでは、芽の充実した一年生枝を発芽前に切り取ってさし木する。そのため、発芽直前が適期であるが、さし穂を休眠期に切り取ってポリ袋やビニール袋に入れて密閉して冷蔵しておけば、五月頃までさし木が可能である。

なお、温室・温床・温熱マットを用いれば、気温の低い時期のさし木が可能である。このばあいは、さし穂の休眠が破れていること（休眠打破に必要な低温に遭遇したあと）が重要である。

緑枝ざしでは、新梢の一次伸長が停止する六月頃が適期である。

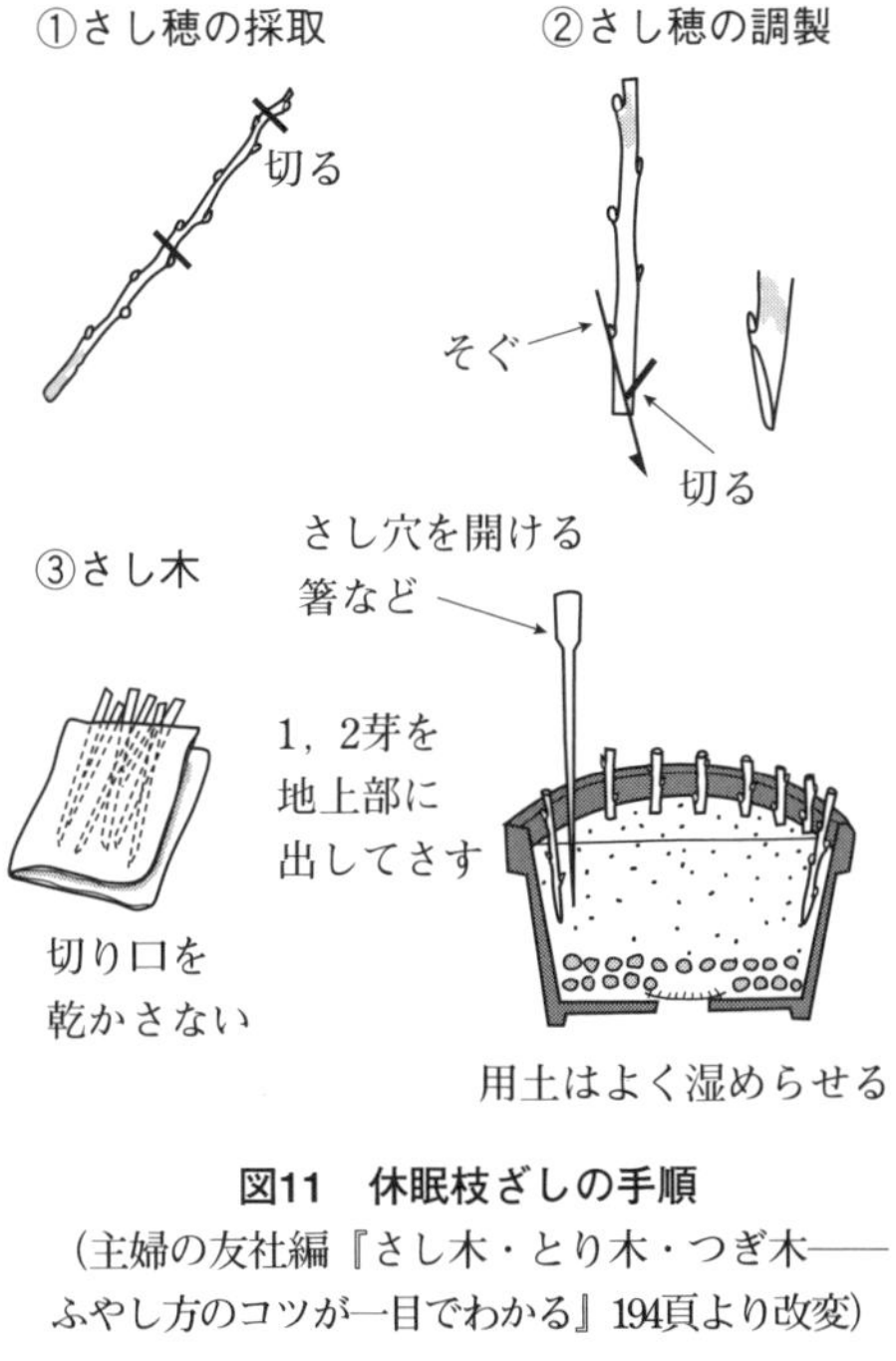

図11　休眠枝ざしの手順
（主婦の友社編『さし木・とり木・つぎ木――ふやし方のコツが一目でわかる』194頁より改変）

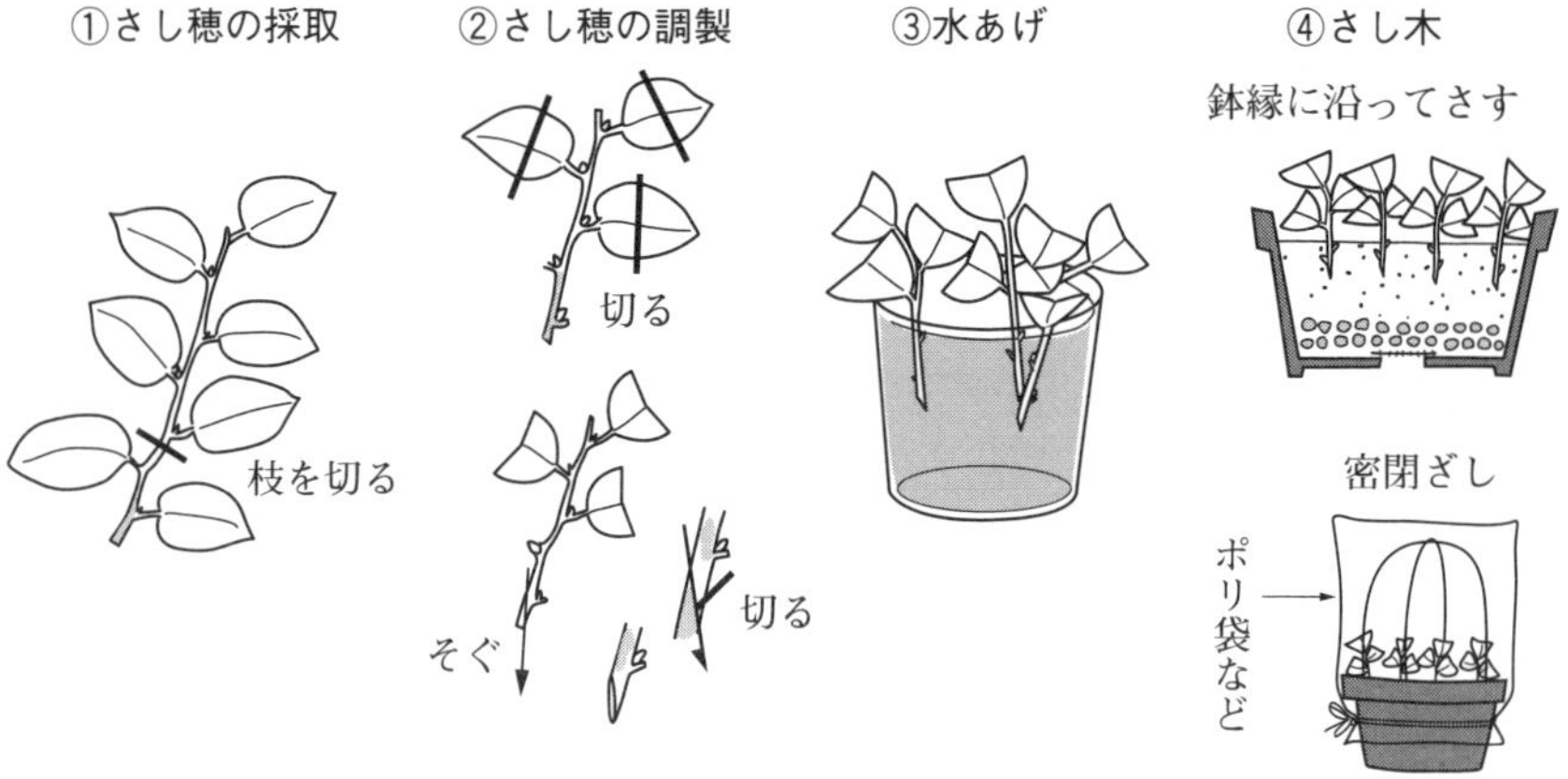

図12　緑枝ざしの手順

（主婦の友社編『さし木・とり木・つぎ木——ふやし方のコツが一目でわかる』195頁より改変）

さし穂の選択と調製

休眠枝ざし（図11参照）は一年生枝を用い、二～五の芽を着けて、長さ一〇～二〇cm（樹種によって五～四〇cmほどの幅がある）に切って使う。細い一年生枝は発芽・発根に使われる貯蔵養分が少ないので適さない。

緑枝ざし（図12参照）では、さし穂は葉数が多いほど発根に有利であるが、葉からの蒸散が抑えられないと枯死しやすいことが問題となる。そこで、緑枝ざしでは二～三枚の葉を付けた状態にさし穂を切って、大きな葉は半分以下に切る。

なお、根源基（37頁参照）をもつ植物はさし木や取り木で発根しやすい。また、落葉果樹では、枝の発出部は節間が詰まって節が多い傾向があり、さし木後に根源基が形成されやすいため、さし穂に適する。

発根を促進する作業——切り口、促進剤、吸水

せん定バサミなどで切ったさし穂の基部は、維管束組織が押しつぶされ破壊された状態になっており、このままでは形成層からのカルス形成が劣

る。そこで、必ず、押しつぶされた組織を除いてなめらかな切断面にし、形成層の露出部を多くするため、鋭い接ぎ木用ナイフなどを用いて基部の両面を斜めに切り直す。休眠枝でも緑枝でも、さし穂は芽の数ミリ下で切り取り、ナイフで基部を削るときは芽を残すことが重要である。

発根促進剤の効果は樹種によって異なるが、処理方法には低濃度溶液にさし穂基部を長時間（一四～二二時間）浸漬する方法、高濃度溶液に瞬間的に浸漬する方法、粉剤の粉衣処理などがある。

さし木前に、さし穂に十分に吸水させる。ただし、枝の中の貯蔵養分の流失を防ぐため、吸水は一時間程度にとどめる。

さし木作業の際は、箸や細い棒などで床に穴を開けて、さし穂の基部を傷付けないようにさし込むなどの注意も必要である。

さし床の水・光線・温度の管理

さし木床は、さし穂の吸水と蒸散のバランスが保たれ、葉の光合成が高まって光合成産物や発根促進物質が、さし穂の基部へ十分送られるように管理する。

第一に、根のない枝をさして発根を促すさし木繁殖では、床土の水の保持がもっとも重要である。「初期の発芽時はタップリ、発根が進むときは水をひかえめに」を基本にして、定期的に水を補給する。水に含まれる塩類が一四〇〇ppm以上の濃度になると根の発生や生育が阻害されるので、水質に注意する。

気温や床温の上昇や蒸散によるさし穂の乾燥を防ぐためには、遮光が効果的である。ヨシズやカンレイシャをかけ、ハウスの裾上げ換気などによって温度上昇を抑える。ただし過度な遮光は光合成を妨げ、発根に悪影響が出るので、二〇～三〇％の遮光にとどめる。緑枝ざしでは散水装置・ミスト装置や密閉ざし法を用いると発根が向上する。散水・ミスト装置があるばあいは、さし木床を直射光線下に置くことで、光合成が盛んになり発根が優れる。

リンゴの台木用のマルバカイドウ、ＪＭ７や、その他の発根性の優れる樹種では、通気性・保水性のよい土を選んでさし木床をつくり、黒ポリマ

写真15　黒ポリマルチを施したリンゴの台木のさし木床

ルチで床を覆ってさし木する方法が用いられる（写真15）。黒ポリマルチは雑草防止にも効果的である。

無肥料でスタート、芽の伸びが再開したら施肥

さし木床に肥料分が多いと、浸透圧でさし木の切り口から水分が逃げやすく、また新根が濃度障害を受けやすくなる。箱ざしなどのばあいには、無菌で肥料分のない資材（パーライト、バーミキュライト、鹿沼土、ピートモス）を混合して用土をつくるとよい。

施肥のタイミングは、休眠枝ざしでは、いったん生育停止した新梢が再発芽する時期、緑枝ざしでは新芽から発芽する時期である。さし穂全体の六〇%ほどが再発芽や発芽したら施肥を行なって、さし穂の生長を促す。ただし、濃度障害に注意が必要で、緩行性の固形肥料を用いるか、薄く希釈した液肥を数回に分けて与える。寒冷地では、チッソの遅効きによる冬季の凍害を回避するため九月以降は施肥をしない。

4 取り木・株分け成功のためのテクニック

（1）取り木法のいろいろ

取り木は、植物の枝を切り取ることなく根を発生させて、根が出た部位から切り放して繁殖する方法で、伏せ木法（普通法）、横伏せ法、盛り土法、圧条法（伏せ取り法）、先取り法（新梢の先端を土中にさして発根させる方法）、高取り法などがある。主な取り木法を図13、14に示す。

郵便はがき

おそれいります
が切手をはって
お出し下さい

1078668

（受取人）
東京都港区
赤坂郵便局
私書箱第十五号

農文協
読者カード係 行

http://www.ruralnet.or.jp/

◎ このカードは当会の今後の刊行計画及び、新刊等の案内に役だたせていただきたいと思います。　はじめての方は○印を（　）

ご住所	（〒　　―　　） TEL： FAX：
お名前	男・女　　歳
E-mail：	
ご職業	公務員・会社員・自営業・自由業・主婦・農漁業・教職員（大学・短大・高校・中学・小学・他）研究生・学生・団体職員・その他（　　）
お勤め先・学校名	日頃ご覧の新聞・雑誌名

※この葉書にお書きいただいた個人情報は、新刊案内や見本誌送付、ご注文品の配送、確認等の連絡のために使用し、その目的以外での利用はいたしません。

● ご感想をインターネット等で紹介させていただく場合がございます。ご了承下さい。

● 送料無料・農文協以外の書籍も注文できる会員制通販書店「田舎の本屋さん」入会募集中！
案内進呈します。　希望□

■毎月抽選で10名様に見本誌を１冊進呈■（ご希望の雑誌名ひとつに○を）

①現代農業　②季刊 地 域　③うかたま

お客様コード

17.12

お買上げの本

■ ご購入いただいた書店（　　　　　　　　　　　　　書 店）

●本書についてご感想など

●今後の出版物についてのご希望など

この本をお求めの動機	広告を見て（紙・誌名）	書店で見て	書評を見て（紙・誌名）	インターネットを見て	知人・先生のすすめで	図書館で見て

◇ 新規注文書 ◇　　郵送ご希望の場合、送料をご負担いただきます。

購入希望の図書がありましたら、下記へご記入下さい。お支払いはCVS・郵便振替でお願いします。

（書名）	（定価）¥	（部数）　部
（書名）	（定価）¥	（部数）　部

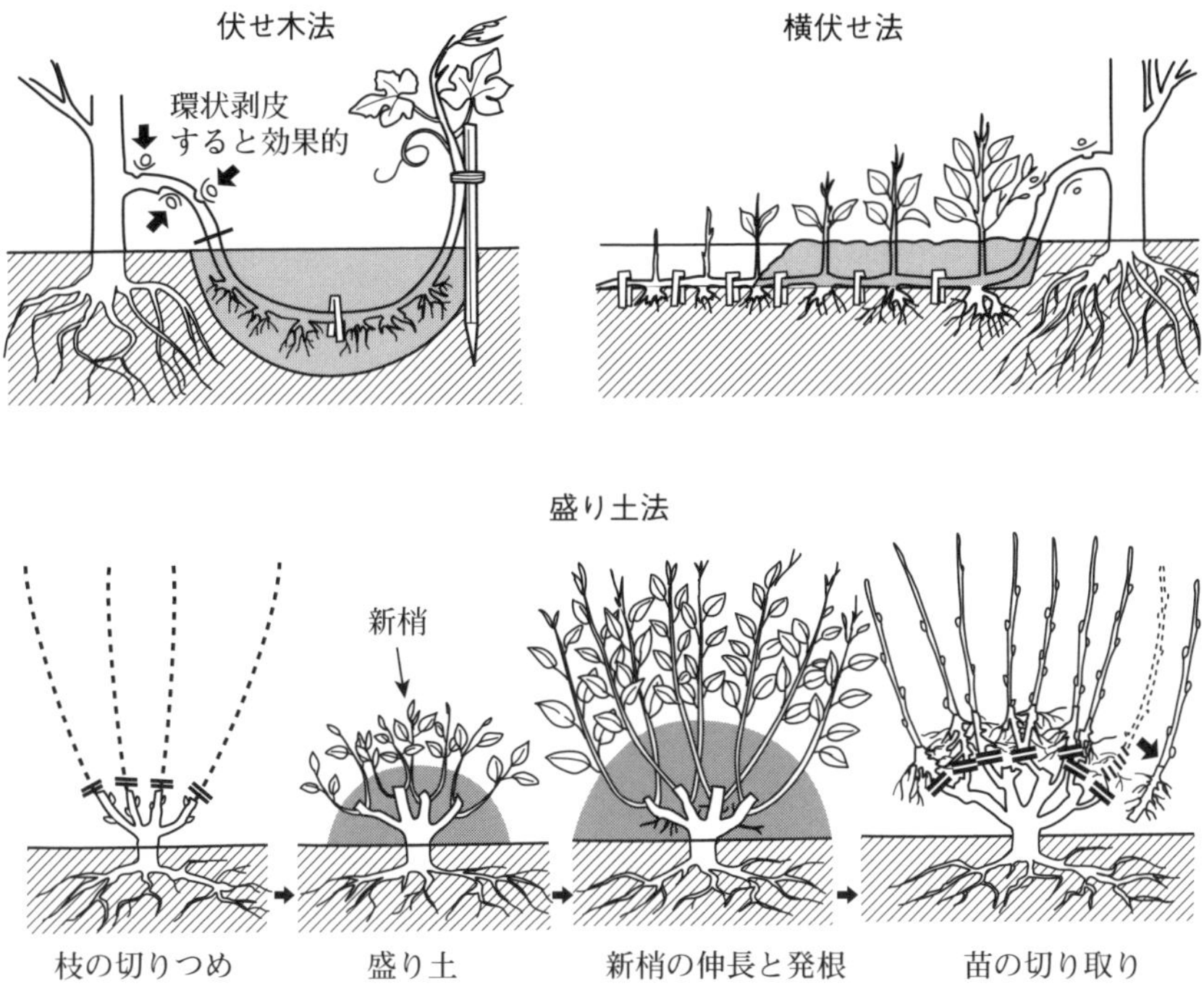

図13 主な取り木法

（Chaumier, Des Fruits Toute L'annee FLAMMARIONにより改変）

伏せ木法（普通法）

枝を曲げて枝先だけを地面に出し、途中を土で埋めて発根させる方法で、オリーブ、木イチゴ、グミ、イチジク、ブドウなどで利用する。一部を環状剥皮（樹皮を幅〇・五cmくらいの環状に剥ぐ）すると効果的である。

横伏せ法

母株から発生する枝を地表面まで倒して、多数の新梢を発生させたあと、盛り土して新梢基部から発根させて切り離す方法。リンゴのわい性台木、オウトウ台木（マハレブ、マザード）、スモモ台木（サンジュリアン、ミロバラン）、マルメロ、ブドウなどで利用される。

盛り土法

母株を育てて毎年地際部まで短く切りつめて多数の新梢を発生させ、これに覆土して新梢の基部から発根させる方法。リンゴのわい性台木、マルメロ、スグリ、木イチゴ、ナツメ、グミ、アケビ、甘果オウトウなどで利用される。

高取り法（空中取り）

枝や幹などにナイフで傷を付けたり、環状剥皮などをして、その部位を水ごけなどでくるんで発根させる方法。処置した部分はビニールやポリシートでくるんで両端をしばる。イチジク、熱帯果樹、ポポー、レイシ、リュウガン、ペルシャグルミ、アセローラなど多くの樹種で利用される。

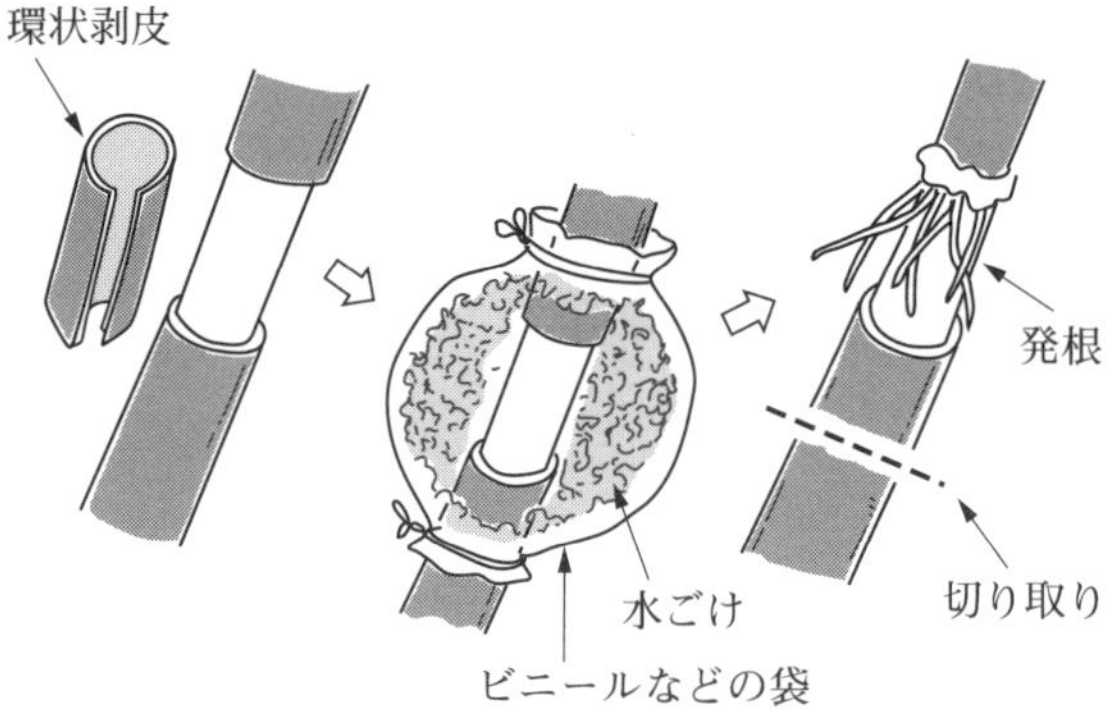

図14　高取り法の例
(高柳良夫他著『より簡単で確実にふやせるさし木・つぎ木・とり木』24頁，日本文芸社より改変)

写真16　取り木（盛り土法）によるリンゴ台木の生育と掘り上げた状態

(2) 取り木の発根のしくみと作業のポイント

根源基の形成と発根

茎や枝に傷を付けたり樹皮をはいだりすると、そこの形成層にカルスが形成され、カルス内に根源基ができて発根するのは、さし木と同じである。

また、傷を付けずに盛り土などで発根させる取り木法では、植物の新梢などを一定期間遮光して黄化させ（黄化処理）、新梢の節部《せつぶ》などに根源基を発達させて発根させることができる。

取り木の実際

リンゴや西洋ナシのわい性台木の取り木繁殖では、母株を育てて毎年地際部まで短く切り返して多数の新梢を発生させ、二～三cm伸びた頃に、新梢全体にモミガラなどを一〇cmほどの厚さでかぶせて遮光（黄化）処理を行なう。やがて、新梢がモミガラの層を貫通して伸びる間に遮光された節部に根源基が形成される。この新梢が四〇cmほどに伸長した時期に二分の一ほどの高さに盛り土を行なうと、根源基から根が発生する。晩秋か早春に土を取り除きながら、発根した取り木苗を切り離して台木として用いる（写真16）。

環状剥皮を用いる高取り法（図14）では、環状剥皮の切り口の上側に多くのカルスが形成されて根が発生する。適期はカルス形成が活発化する晩春から夏である。

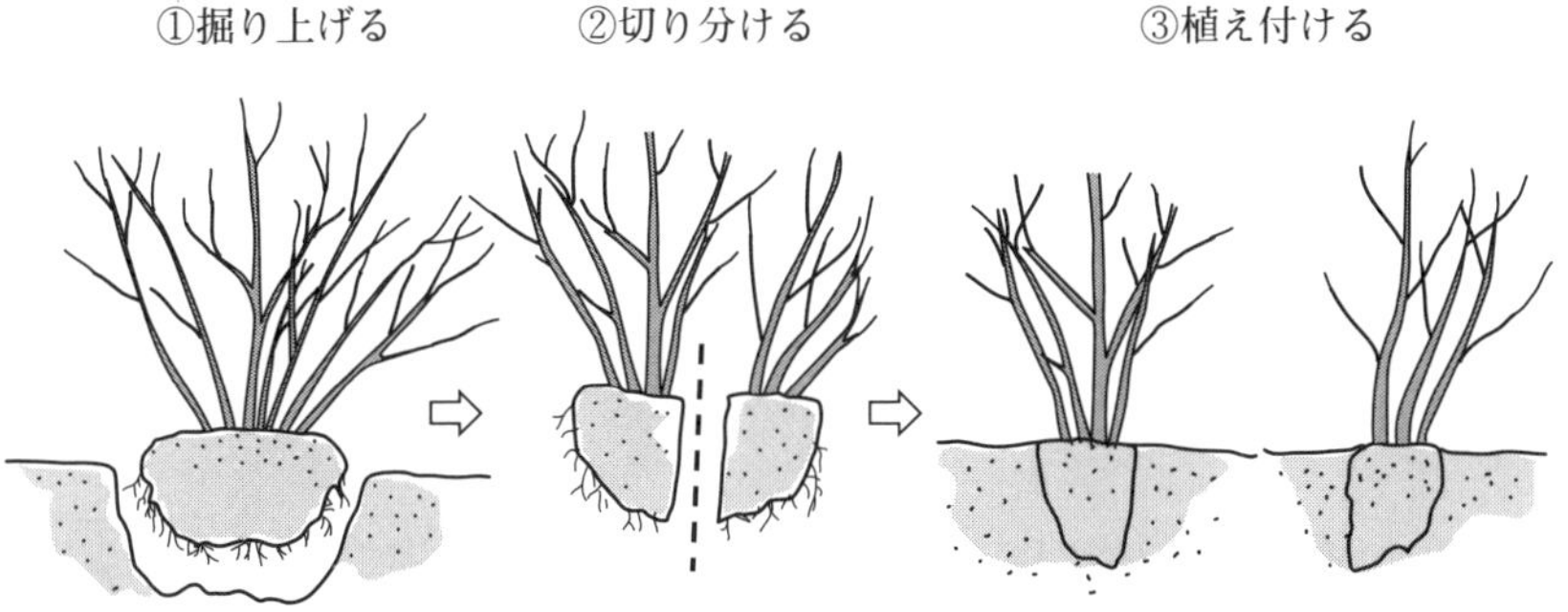

小さい株の場合は，全体を掘り上げて，手かハサミで２～３株に分ける

図15　株分けの例

(3) 株分け法

株分け法は、木イチゴ類、グミ、ニワウメ、ユスラウメ、スグリ、フサスグリ、ブルーベリーなどのかん木性果樹で多く用いられる(図15)。適期は休眠期で、掘り上げた株を分けたり、地下茎で広がったヒコバエを切り取ったりする。株分け法は大苗を得ることができるが、多量の苗木繁殖には向かない。

5 台木用の実生苗づくり

種子から生えた実生は、I章で述べたように、既存品種の繁殖には用いられず、台木類の繁殖や育種に用いられる。日本では古くからカキが実生で育てられ、野生種を含めたリンゴ、ナシ、モモ、マメガキ、シバグリ、カラタチ、ユズ、オニグルミ、ウメ、アンズなどの種子から育てた実生が台木に利用されている。

(1) 種子の休眠打破と貯蔵

果実の成熟とともに種子が成熟して採取適期となる。集めた果実は果肉を除いて種子を取り出し、水洗後に殺菌して日陰干ししたのち貯蔵し、播種する。イチョウなどでは果実の成熟期には胚が未成熟なため、追熟が必要になる。

ナツミカン、ヤマミカン、ビワ、マンゴー、レイシ、リュウガンなどは、果実の成熟期に種子が休眠していないので、採り播き(採種後にすぐ播くこと)で実生を育てることができる。一方、リンゴ、ナシ、スモモ、アンズ、ウメ、クリなどの種子はまだ休眠状態にあるため、播種前に低温で休眠打破される必要がある。秋に播いて圃場で低温に遭遇させてもよいが、低温貯蔵して春播きするのが一般的である(表2参照)。

果樹の種子は乾燥に弱いので、一定の湿度を保ち、一~五℃の低温で貯蔵する(湿潤低温処理)。簡便な貯蔵法としては、湿らせたピートモス、バーミキュライト、水ごけなどでくるんでポリ袋で保管する。一般に、砂と湿らせたピートモスを等量に混合した用土を植木鉢などに入れて種子を層状に並べ、上に用土を入れることを繰り返し、通気性をもたせた状態で冷蔵庫や屋外などで春まで貯蔵する（層積貯蔵法）。

表2　果樹類の種子の貯蔵適温と所要日数の列

（クロッカー，1948）

	最適温度（℃）	好適範囲（℃）	所要日数
モモ	5	5 ～ 10	60 ～ 90
野生スモモ		1 ～ 5	90
オウトウ（マハレブ）	3		90
セイヨウナシ(フレンチペアー)	5	1 ～ 5	60
リンゴ	5	1 ～ 5	60
ヴァージニヤガキ	10	5 ～ 10	60
クルミ	3	1 ～ 10	60 ～ 120
ブドウ（コンコード）	5	5 ～ 10	90
ブドウ（デラウェア）	5	5	90

なお、樹種によっては種皮が水分を通しにくい、果実・果皮が発芽抑制物質を含む、胚が未成熟などのため、湿潤低温貯蔵しても発芽しにくい種子がある。モモ、オウトウ、アンズなど種皮が硬い核果類では、胚を傷付けないように核を割って吸水させ、層積貯蔵法で湿潤低温貯蔵する。果肉や果皮に含まれる発芽抑制物質などは、一～三日間流水などに浸漬すれば溶出させることができる樹種が多い。

（2）発芽の進み方と管理

水分・温度などの発芽に適した条件が整うと、種子は吸水して子葉や胚乳中の貯蔵養分を使って発芽・発根する。このとき、休眠物質（アブシジン酸など）の作用を抑えるジベレリンが胚の中で生成されて、発芽が始まる生理状態となる。

発芽適温は、落葉果樹類では一五～二〇℃、常緑果樹のカンキツなどでは二五～三〇℃である。また、多くの樹種は暗黒状態で発芽するが、ブルーベリーなどは発芽に光を必要とする。暗黒で発

表3　果樹の繁殖に必要な用具

○接ぎ木繁殖に必要な用具・資材
せん定ノコギリ，せん定バサミ，接ぎ木用切り出しナイフ，穂木貯蔵用ビニールまたはポリエチレン袋（0.3～0.5mm），接ぎ木用塩化ビニール製テープ，パラフィンワックス製接ぎ木用テープ（メデールなど），塗布剤（接ぎロウ，トップジンMペースト，シリコンシーランドなど），誘引用ヒモ，支柱（細竹，イボ竹など），接ぎ木用袋（塩化ビニール製かポリエチレン製），肥料（化成肥料，液体肥料など）
○さし木に必要な用具・資材
さし木箱（プラスチック製），せん定バサミ，切り出しナイフ，穂木貯蔵用塩化ビニール製，またはポリエチレン製袋，ピートモス，鹿沼土，パーライト，バーミキュライト，腐葉土，散水器具（ホース，散水ノズル），肥料（液体肥料，緩行性固形肥料），ポリポット（10.5～15mm），ポット用トレイなど
○取り木に必要な用具・資材
スコップ，環状剥皮用ナイフ，せん定ノコギリ，根切りバサミ，水ごけ，ピートモス，モミガラ，黒ポリマルチ，ビニールなど被覆資材，緩行性固形肥料など

＊「メデール」の販売元
㈱アグリス　福岡県八女市大字鵜池477-1　TEL 0943-30-1177

芽する種子では種子の二倍ほどの厚さに覆土し、光を要する種子では覆土を避ける。

露地で苗床に播種する方法、育苗箱に播種してハウスなどで管理する方法がある。露地に播種するばあいは、発芽直後の雑草との競合に注意する。生育促進には施肥管理が重要になるが、速効性肥料を与えるばあいは濃度障害に注意する。

実生台木利用の多い樹種については、Ⅲ章でそれぞれ解説しているので、樹種に適した種子採取と貯蔵法、播種と管理を行なう。

6　用具、資材の選び方

接ぎ木、さし木、取り木などに必要な用具を表3に示す。接ぎ木やさし木では、材質の硬い木部を削ることが多いため、よく切れる専用の切り出しナイフなどを用いる。また、ノコギリも生木に適するせん定ノコギリを選ぶ。根を切るせん定バサミは、枝を切るハサミとは分けて使用する。

（小池洋男）

III

樹種別繁殖の実際

リンゴ

果樹でもっとも多く用いられる繁殖法であるさし木・取り木、接ぎ木などの技術の大事な要素は、リンゴの繁殖法にほぼ含まれている。そこで、本章ではリンゴに頁数をさき、写真を多く使って詳しく説明した。Ⅱ章の基本的知識・技術の解説とともに、果樹繁殖に共通する技能の理解に役立てていただきたい。

1 さし木・取り木の実際——まず台木をつくる

リンゴでは、さし木・取り木による繁殖は、主に、接ぎ木繁殖のための台木づくりの目的で行なわれる。優良な台木を用いた接ぎ木繁殖によって、樹の性質が変わり、果樹の楽しみがふえることは、Ⅰ章で述べたとおりである（15頁参照）。その楽しみ多い果樹繁殖の出発点が、さし木・取り木による台木づくりである。

リンゴの台木の種類は、樹体サイズの大きさに及ぼす影響から、きょう（喬）性台木、半わい性台木、わい性台木の三つに分類される。

きょう性台木のマルバカイドウ台木を用いたばあいの樹体サイズは比較的大きく、ふつう、広い栽植距離で栽培される。本台木は休眠枝を用いたさし木繁殖が容易である。

わい性台木のM26台木やM9台木を用いたばあいの樹体サイズは比較的小さく、主に並木植えの密植条件で栽培される。これらの台木は、休眠枝を用いた実用的なさし木繁殖がほとんど不可能で、取り木繁殖によって台木生産される。

最近、マルバカイドウ台木とM9台木の交配で育成されたJM7台木の利用が増えつつある。これはさし木繁殖が可能なわい性台木である。

（1）さし木による台木づくり——マルバカイドウ台木、JM7台木

【マルバカイドウ台木のばあい】

ほ場の準備

さし木繁殖に使用するほ場は、改植障害の心配がなく、無病で、排水、保水、通気がよく、れきや粗大なゴミのない清潔な土壌が望ましい。

改植障害を回避するためには、前作がリンゴでない場所を選ぶことが望ましい。リンゴ栽培跡地を使うばあいは、事前に深耕、天地返し、土壌消毒などを行なう。また、野《や》そ（野ネズミ）が目立つほ場では、忌避剤によって野そ

の密度をできるだけ下げておく。また、雑草の生育中に耕うんを繰り返すなどして、抑制しておく。さし木はふつう春に行なうが、その前年の夏頃にはほ場の選定をして準備をすすめ、年内には準備を完了しておきたい。

穂木・母樹の用意

さし穂の採取のために、無病で来歴の明らかな穂木または母樹を用意する。穂木または母樹は、外見的に病虫害の認められないことと、ウイルスフリーであることが望ましい。また、根頭がん腫病が苗木に発病すると、根の地際部などにがん腫を形成し、やがて樹勢が衰弱する。土壌伝染するため、無病の苗木を無病のほ場で用い、見つけたばあいには速やかに処分する。ウイルスやがん腫病菌の保毒の有無は、個人で確認することが難しいので、正規の流通品を、信頼できる業者から購入する。

さし床の準備

雪が融けてほ場での作業が可能になったら、土を十分に耕うんし、抑草と保水をかねてポリマルチ（以下、マルチ）を敷く。土が乾燥しているばあいには、マルチの敷設の前日にかん水するか、降雨の翌日に敷設すると、よいさし床がつくれる。マルチには、黒色のものがよく使われる。マルチ幅はおおむね一m程度とする。このばあい、一マルチに、条間二五cm程度で四条、株間はおおむね二〇cm程度とする。

穂木の採取と貯蔵

穂木は、休眠期間中（十二月～翌二月頃）に、一年生枝を採取する。採取後の穂木は、さし木までの間に、乾燥させないことと、休眠状態を維持して発芽させないことが大切である。そこで、ポリ袋などに入れ、冷蔵庫で二～五℃の低温で保存する。あるいは、清潔な湿った砂を敷いた地下室などで貯蔵してもよい。冷蔵庫使用のばあい、果実と一緒に貯蔵するとエチレンによる悪影響が出るので、別にする。

さし穂の調製

穂木は、写真1のように長さ一五cm

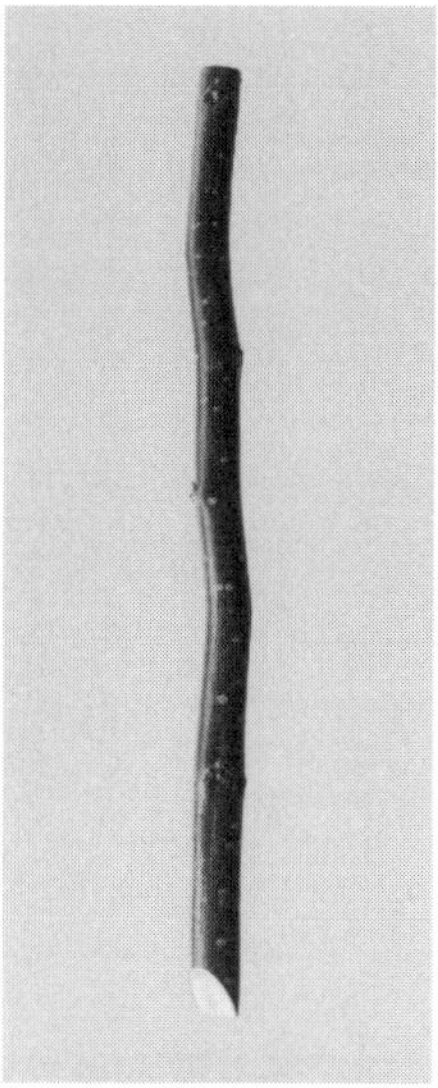

写真1　調製がすんださし木用の穂木（マルバカイドウ台木）
基部はくさび形に削る。先端は芽の上で切る。長さは15 cm程度

程度に切り分け、さし穂とする。切る位置は芽の直上とし、基部はくさび形に削る。新梢の先端付近は細くてよい台木にならない。使用できるのは直径三mm程度の部分までである。穂木の調整は、さし木の一〇日前頃から直前までに行なう。調製したさし穂を一時貯蔵するばあいは、乾燥に注意して冷蔵する。

さし木の作業

三月中旬〜四月中旬にさし木を行なう。これより時期が遅れるほど生育が劣り、気温が高いと活着も悪い。

さし穂の基部を水につけ、一晩吸水させると活着によい。マルチのさし木する位置に、あらかじめ針金などで小さな穴を開け、この穴を通してさす。さし穂で直接マルチを突いてさすと、破れたマルチがさし穂の基部をおおって発根を妨げることがある。

さす深さはマルチ上にさし穂先端の一〜二芽が出る程度とし、まっすぐにさす。さした後、穂木を動かすと、さし穂基部の切断面が土に密着せず、発根の悪いことがあるので、一度の動作でさし終えるのがコツである。

さし木後、穂木の先端の切り口に、トップジンMペーストやバッチレートなどのペースト（塗布）剤を塗り、保護する。このとき頂端の芽に塗布剤がつかないよう注意する。

さし木後生育中のケア

さし木後、穂木先端付近の二芽前後が発芽、伸長する。これらは、五月頃にもっとも旺盛に伸長している一本を残して、残りを切除する。切り口が大きければ、ペースト剤を塗布して保護する。

土壌の乾き具合に応じて、かん水を行なう。追肥を行なうばあいは、夏頃までに速効性のものを施し、夏以降にチッソが遅効きしないよう、最小限とする。チッソ分は、尿素（二〇〇〜二五〇倍）の葉面散布を行なう程度でも十分と考える。

さし穂とマルチの隙間から雑草が出たら、早めに引き抜く。マルバカイドウ台木は、黒星病、斑点落葉病、リンゴワタムシに抵抗性があるので、病害虫防除はうどんこ病、アブラムシ類、ケムシ類、ハマキムシ類、ハダニ類などが対象となる。登録のある剤で適期防除する。

掘り取りと選別

掘り取りは自然落葉の後が望ましい。強制的に摘葉して台木を掘り上げるばあいでも、十一月中旬をすぎてからがよい。掘り取った台木は土を払い、病害や野その被害の認められるものを除き、太さや発根量によって選別する。太く根量の多い台木は、翌年春に接ぎ木して一年生苗木の育苗に利用可能である。

選別した台木は二〇本程度の束にして仮植えする。束が大きすぎると、中心付近が乾燥したり、野そが入り込んだりしやすい。仮植え場所には、排水がよく、野その密度が低い所を選び、気温の上がりやすい場所や寒風の吹く場所を避ける。根を洗って冷蔵庫貯蔵もできる。そのばあい、ポリ袋などに入れて乾燥を防ぎ、温度は二℃程度に設定する。果実と一緒にしない。

【JM7台木のばあい】

基本的な手順は、マルバカイドウ台木と同様である。以下、JM7台木のばあいの留意点を中心に述べる。

ほ場の準備

JM7台木の発根はやや難しく、土壌条件のよくないばあいには、活着率の低いことがある。排水、通気のよい砂質がかった土壌で、ある程度の粘土を含み、排水と保水の両方が適切な土壌で発根が安定する。

穂木の調製

穂木の調製後の貯蔵中に、穂木の基部側の切断面にカルスが形成されることがある（写真2）。貯蔵期間が長く、貯蔵温度が高めで湿度が高い条件でカルスの発生が多い。このようなさし穂は発根のよいことが報告されているので、作業中にカルスが取れないよう注意して扱う。

写真2　さし木用の穂木に発生したカルス（JM7台木）

さし木の作業

発根の促進のため、さし木の直前にさし穂の基部をオキシベロン（四倍）に一五秒間程度の浸漬処理を行なう。

JM7台木は、垂直にさした穂木から新梢が斜めに伸長し、さし床で新梢が倒れた状態となることがある。そこで、頂端の一芽が真上向きとなるように、穂木をやや斜めにさせば、新梢をほぼ垂直に伸長させることができる。

さし木後生育中のケア

マルバカイドウ台木と同様である。

掘り取りと選別

JM7台木はとくに野《や》そ対策を十分に行なう（50頁）。

（2）取り木繁殖による台木づくり――M9ナガノ台木

ここでは、M9ナガノ台木の取り木繁殖（横伏せ法）の実際について述べる。M9ナガノ台木はM9台木の一種で、高接ぎ病の原因となるウイルスのACLSV（16頁参照）に感染していない。

ほ場の準備

ほ場の選択と準備、雑草対策など、前述のさし木のばあいと同様である。かん水できる場所がよい。

取り木繁殖では盛り土と掘り上げ作業を行なうので、通気がよくて軽い土のほ場が望ましい。粘土質で排水の悪いほ場では、作業が困難で、発根が優れず、越冬中に凍害による株の枯死も生じやすい。

取り木繁殖では、母株から発生した新梢に盛り土と切り戻しを繰り返すため、新梢の切断面から根頭がん腫病などが侵入しやすい。無病の母株を無病の場所で育成し、発病の心配のあるほ場との管理機の使い回しを避ける。

母株の植え付け

秋植えすると生育がよい。春植えするばあいには、融雪後作業が可能となり次第早めに行ない、発芽前に植え終わる。写真3のように斜めに植え付ける。株間は四〇～五〇cm程度、列間は管理作業しやすい一〇〇cm程度以上とする。

植え付け後、発芽前に地上部を三〇cm程度に切り戻す。切り口が大きいばあいはペースト剤を塗布する。発芽前頃に、木や竹製のペグを用いて水平に倒す。

植え付け当年の管理

植え付け当年は、母株の充実のため、発生した新梢に盛り土せず、取り木しないほうがよい。

新梢は、十一月頃に基部四～五cm程度を残して切り戻す。その後、凍害を回避するために、全体が隠れる程度に（三～五cmの高さで）土寄せする。土寄せは、切り戻した新梢の先が少し見

写真3　斜めに植え付けた取り木用の母株（M.9ナガノ台木）
この後，発芽前頃までにほぼ真横に倒す

える程度でもよいが、横に伏せた旧枝の部分はしっかりと土に隠れるようにする。野その忌避剤を土によく混和するとよい。

秋に寄せた土は、翌年の三月中旬までによける。軽い土なら、乾いている日に竹ぼうきなどで除くことができる。レーキなどでやると、株を傷めることがあるので注意する。この作業は発芽期以後はしない。秋に切り戻した新梢の先端が枯れ込んでいることが多いので、一～二cm切り戻す。大きな切り口はペースト剤で保護する。

黄化処理と盛り土

植え付け二年目以降、新梢への盛り土を行なう。新梢が長いもので三〇cm程度に達した頃（五月下旬）に一回目を行ない、以後、二週間程度の間隔で一～二回追加する。盛り土の高さが最終的に一五～二〇cmとなるようにする。盛り土は一度に大量に行なわず、毎回、新梢の葉の半分以上は、地上部に残るように行なう。

盛り土を開始して最初の一～二年は、発根した台木の本数が少ない傾向がある。そのようなばあいは、一回目の盛り土の前に、次の手順で黄化処理を行なうと発根促進効果が高い。母株からの新梢が三cm程度となった頃、モミガラ（または細かな土）で新梢全体を覆う（写真4）。新梢はモミガラを突き抜けて伸長してくるが、モミガラに覆われた基部は黄化し（写真5）、のちに盛り土したとき、この部分からの発根が著しく促進される。ただし、モミガラを厚くしすぎると、モミガラ部分が水分を含まず、発根を悪くすることがある。モミガラの量は新梢基部の遮光のための必要最小限とするのがポイントである。

一回目の盛り土の時期を早め、土の量を少なめとしても発根は向上する。

写真4　モミガラを用いた黄化処理の方法
あまり多量に入れすぎないようにする

写真5　黄化処理された新梢の基部

しかし太りの足りない若い母株に、あまり早い時期に土寄せすると、新梢の発生数が減ることがある。その点、モミガラによる黄化処理は、年数が浅い若い母株の発根促進に有効である。

生育中の管理

盛り土部分は乾燥するので、こまめにかん水し、pF二・五以下を目安に土壌水分を維持するのがよい。M9台木は、斑点落葉病に抵抗があるので、病害虫防除は黒星病、うどんこ病、アブラムシ類、ケムシ類、ハマキムシ類、ハダニ類が対象となる。登録のある剤で適期防除する。

掘り取り

掘り取りは自然な落葉後が望ましい。それ以前に摘葉して掘り取るばあいでも十一月中旬以降とする。小型のバックホウなどで、台木の根を傷めないように、盛り土を粗くよける（写真6）。次いで、移植ゴテなどで母株周囲の土を取り除きながら発根した台木を切り取る（写真7）。M9台木は冬期間に切り口が枯れ込むことが多いので、できれば新梢の基部を二〜三cm程度残すようにする。

掘り取り後は、母株全体に軽く（三〜五cm程度）土を寄せる。その際、野その忌避剤を土に混和する。

写真6　M.9ナガノ台木の掘り上げの様子①
まず，盛った土の両側を管理機で粗くよける

写真7　M.9ナガノ台木の掘り上げの様子②
母株が充実し，多数の発根が認められる。株の周りは移植ゴテなどを使い，土をよける

2　接ぎ木の実際——苗木をつくる

台木が育成できたら、いよいよ殖やしたい品種・系統を接ぎ木して、優良な苗を育てる段階である。

リンゴで主に採用されている接ぎ木

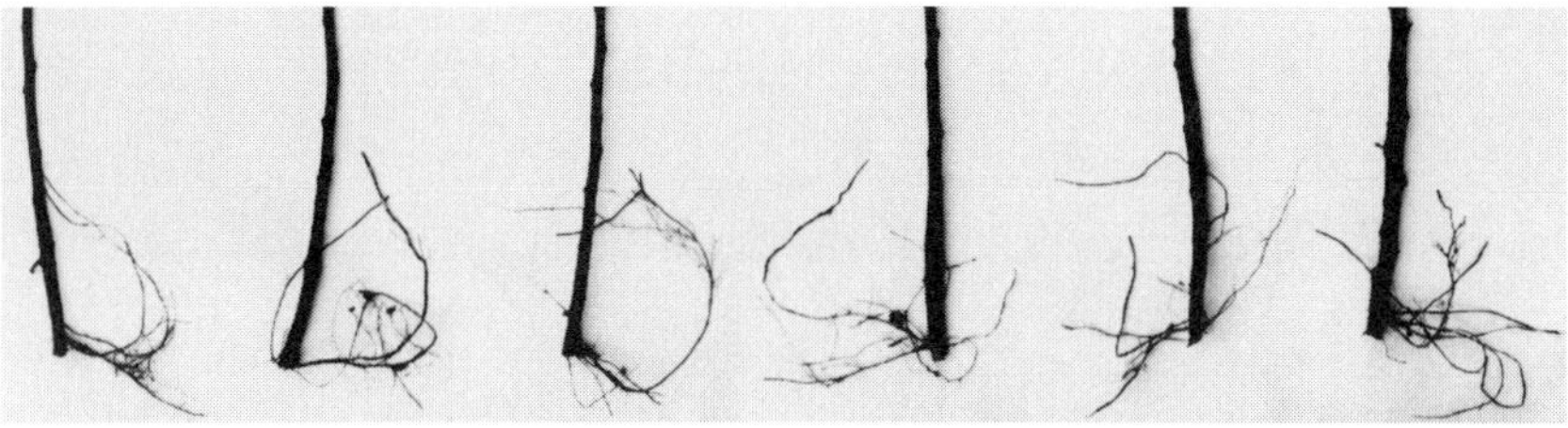

写真8　M.9ナガノ台木の発根量の目安

春根（木質化して，分岐のある根）が2，3本以上発生している。これより根量が多く，直径9 mm以上の台木は切り接ぎして，1年生苗木の育成に利用する

の方法は、樹が休眠中に行なう切り接ぎだが、夏から初秋に芽接ぎを行なうこともできる

（1）切り接ぎによる苗木づくり

接ぎ木には、Ⅱ章で述べたように揚げ接ぎと居接ぎある（26頁参照）。揚げ接ぎは、屋内で接ぎ木するので、作業しやすく能率的である。

台木と穂木の準備

十分な太さがあって発根量の多い台木は切り接ぎを行なえば、すぐに苗木育成に利用できる。細くて根量の少ない台木は別に植え、夏に芽接ぎを行なうか、翌年居接ぎを行なう。M9ナガノ台木では、切り接ぎには基部から二〇～二五cmの直径が九mm以上で、発根量が写真8に示す程度以上のものを使うとよい。芽接ぎするばあいは、太い台木では接ぎにくく、直径六～一〇mm程度のものが使いやすい。

台木は、わい性台木苗では四〇cm程度、マルバカイドウ台木苗では三〇cm程度で先端を切り戻す。そのときの切り口の直径が五mm程度以上でないと作業がしにくい。

一方、穂木は休眠期間中（十二月～翌年二月）に採取する。ウイルスなどの保毒の心配がなく、来歴の確かな母樹から穂木を取る。穂木には、日当たりのよい位置の、充実した葉芽をもつ一年生枝が向く。伸長停止が遅かった徒長枝や、二次伸長の部分は好ましくない。花芽をもつ短めの枝もよくない（枝と芽の見方は、Ⅱ章23頁参照）。

採取した穂木には、採取日、品種などを明記したラベルを付ける。採取後と調製後の穂木の保存のポイントは、さし穂のばあいと同様である（本章の51頁参照）。

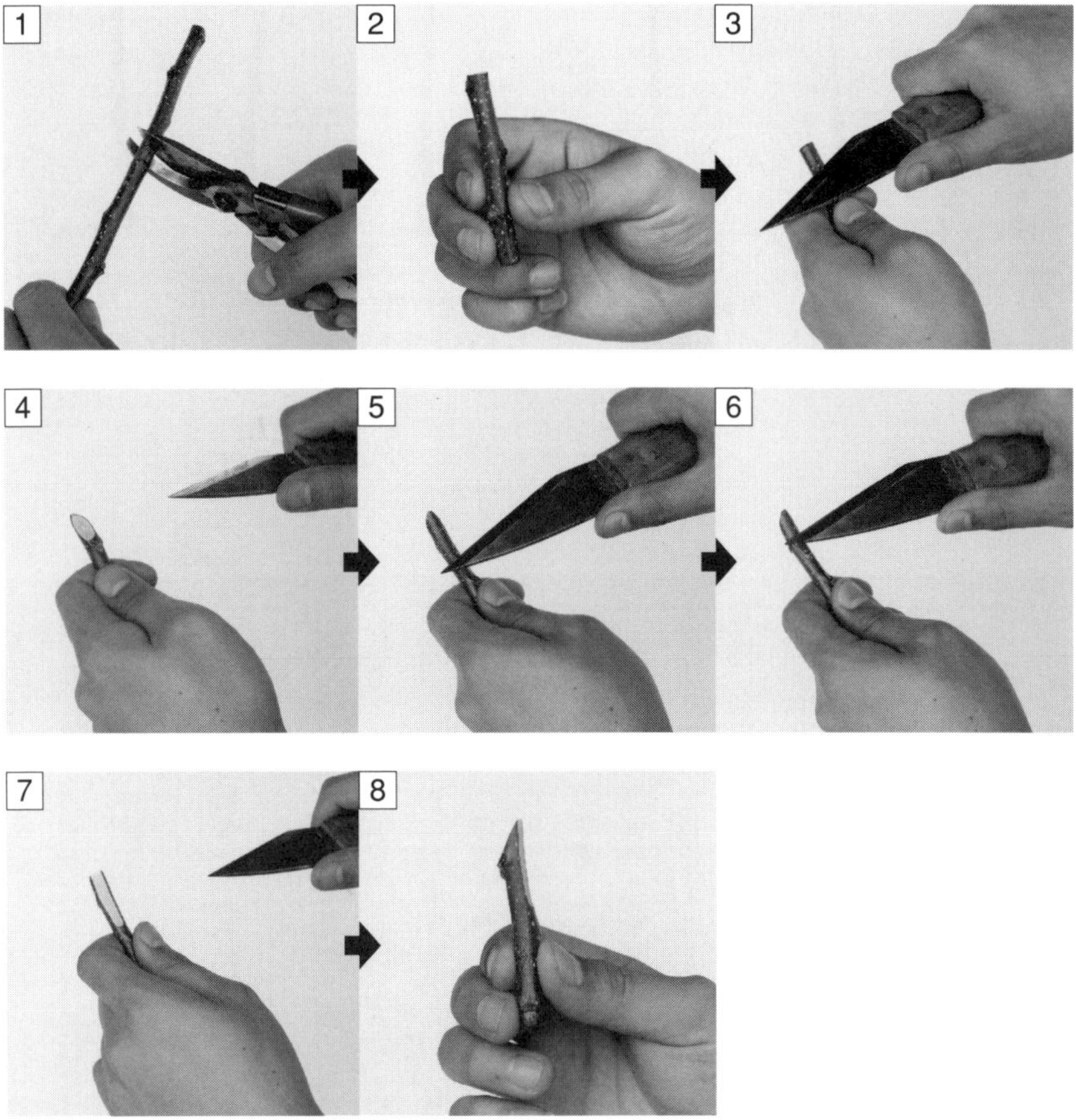

①接ぎ穂の調製。3芽程度をつけて，芽のすぐ上で切る。
②3芽付きの穂木。もっとも下位の1芽は，接ぎ木テープを巻くと隠れてしまうので，頂端の2芽が重要。
③まず，穂木の基部側を斜めに削る。芽のない側を真下にして削る。
④斜めに削れた状態。
⑤穂木を裏返し（斜めに削ったほうを下にして），反対側を削る。形成層をほぼ平行に露出させる。ナイフの刃先を使う。まず，角度をつけて刃先を入れる。
⑥刃先が入ったら，すぐに少し角度を浅くして，真っすぐに削り上げる。
⑦形成層がほぼ平行に露出された状態。形成層を露出させた部分は，平面の状態となるのが望ましい。
⑧削れた穂木。

写真9　切り接ぎの穂木の調製

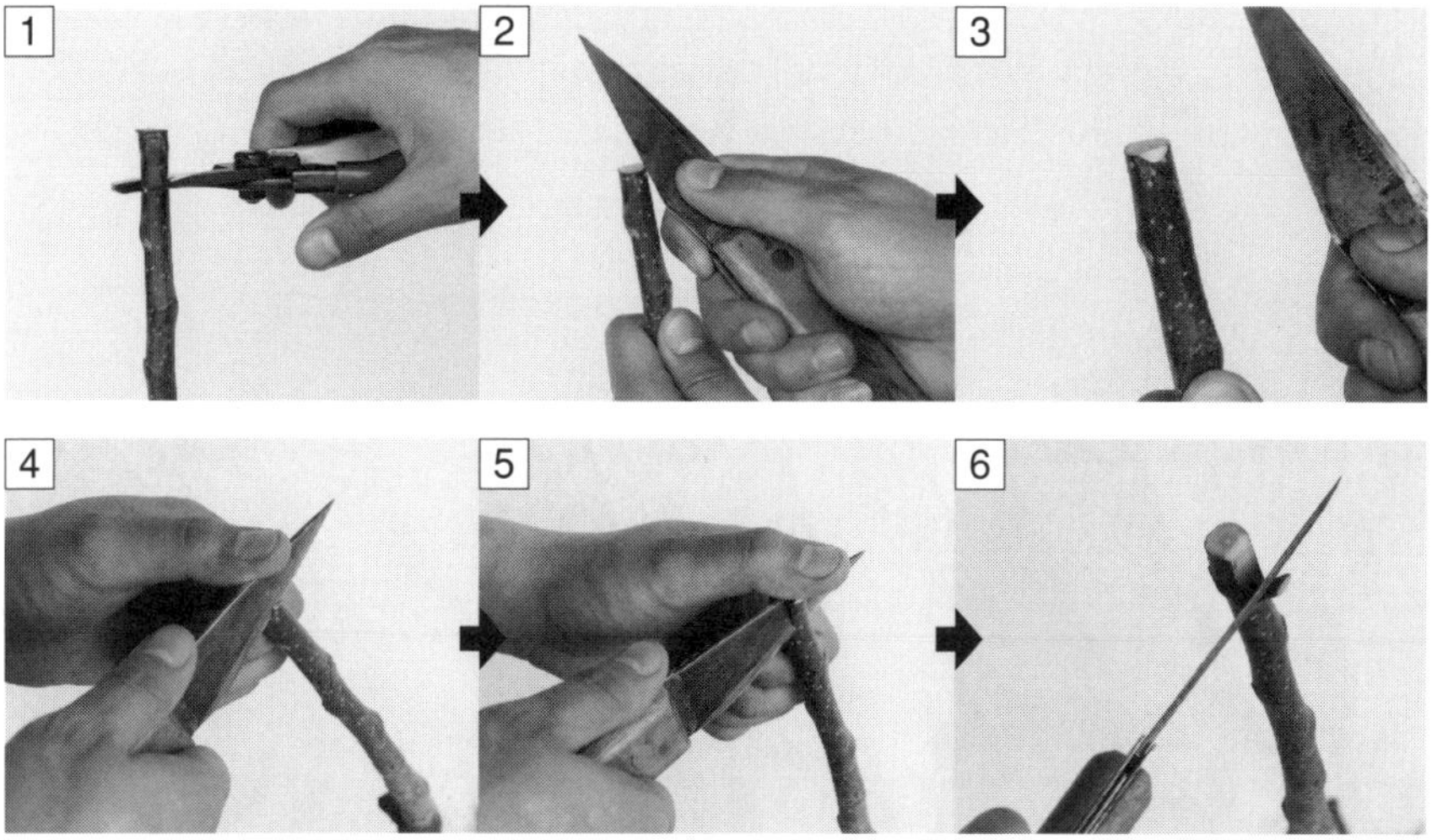

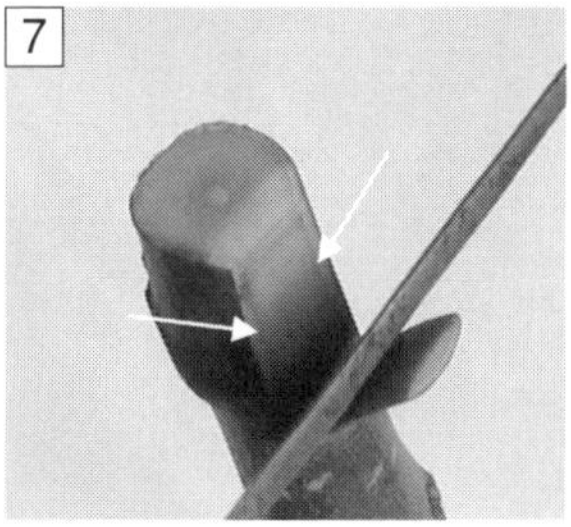

①台木を削る。まず，切り口を新しくするために，せん定バサミで1～2cm切り戻す。
②削る部分の形成層を確認するために，斜めに削る。
③形成層を確認する。
④台木を削る。刃を当てる深さが重要。外側すぎず，内側すぎず，なめらかに刃を下ろせる深さに刃を当て，形成層をしっかり露出させる。
⑤ゆっくりとナイフを下ろし，形成層を露出させる。穂木で形成層を露出させた部分の長さとほぼ同じ深さにナイフを入れる。
⑥形成層が平行に露出している。
⑦形成層が基部まで平行に2ヵ所露出している（矢印の箇所）。

写真10　切り接ぎの台木の調製

穂木は三芽程度をつけて、芽の直上で切り分ける。このとき先端側の二芽がとくに重要なので、充実をよく確認する。一年生枝の先端付近や基部側は芽の充実がよくないので、なるべく使用しない。

穂木の調製のし方を写真9に、台木の調製のし方を写真10に示した。

切り接ぎの作業

一般的な切り接ぎの手順を写真11に示した。

揚げ接ぎは二月頃に行なう。居接ぎの時期は三月中下旬～四月上旬で、穂木の状態がよければ若干遅くても活着は可能だが、遅くなるほど新梢伸長は劣る。

植え付けの実際

揚げ接ぎした苗木の植え付けは、雪が融けて作業が可能となり次第早めに

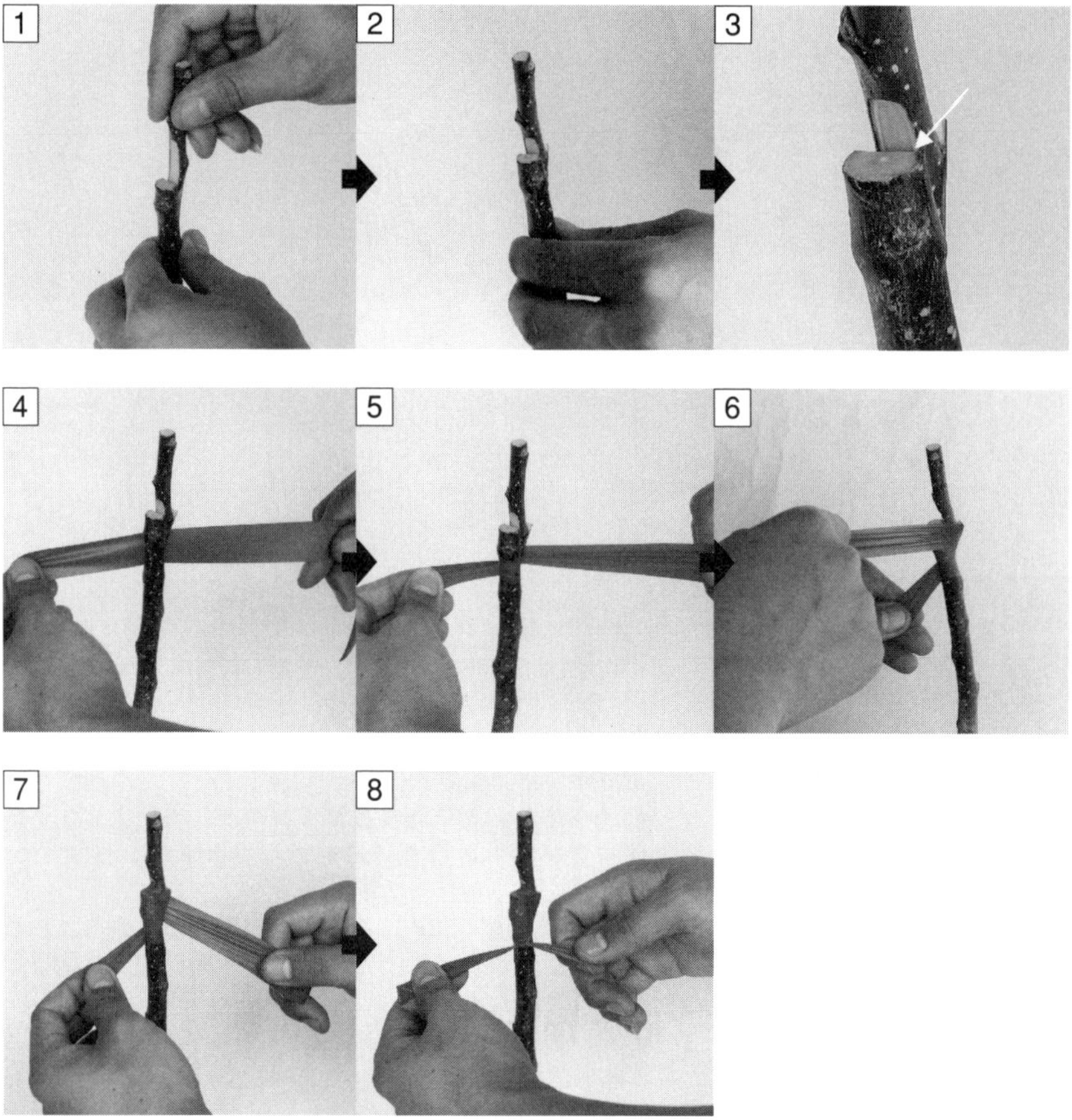

①台木に穂木をはめ込む。そのとき，穂木と台木の形成層を揃える。少なくとも左右のどちらか一方の形成層同士が重なるようにする。
②写真では，向かって右側の形成層を揃えた。
③穂木と台木の形成層が片側だけ重なっている（矢印の箇所）。
④接ぎ木テープを巻き，穂木を固定する。15cm程度の長さに切った接ぎ木テープを，挿入した穂木の下の位置にあてがう。
⑤接ぎ木テープが一度重なるように巻き付けると，テープが固定する。
⑥切り口全体が隠れるように，下から巻き上げる。接ぎ木テープは，よれたり，ヒモ状になったりしないように，いつも帯状に巻く。
⑦穂木と台木の両方の切り口が隠れる位置まで巻き上げたら，巻き始めた位置まで下げる。
⑧巻き始めた位置で，接ぎ木テープの両端を1回しばる。このあと，穂木の先端と，接ぎ木テープで隠せなかった切り口にペースト剤を塗布し，穂木が乾燥しないようにする。ペースト剤は穂木の芽にかからないように注意する。

写真11　切り接ぎの作業

行ない、遅くとも三月中には植え終える。取り扱いの際、接いで間もない穂木を動かさないよう注意する。

居接ぎでは、接ぎ木前にあらかじめ台木を植え付けておく。秋植えのほうが生育良好であるが、寒害や野そ害などの回避には春植えが向く。作業が可能となり次第早めに行なう。

株間は、苗木の育成年数によって変える。一本棒状の一年生苗木として当年秋に掘り上げ予定なら、二〇cm程度の株間でよい。二年生苗木とし、翌年秋に掘り上げ予定なら、最低でも三〇cm程度の間隔が必要である（樹冠が大きくなりやすい品種および台木では、やや広めの四〇～五〇cm必要なばあいもある）。列間は、中耕や防除などの管理機械が入りやすい間隔を開ける。ただし、二年生苗木とするばあいには、主幹上の側枝の広がりを助けるために、最低でも一〇〇cmは必要である。

台木の植え付けの深さは、四〇cmの台木長のわい性台木苗であれば、台木の地上部が二〇cm程度となる深さとする。地上部を二〇cm確保するのは、完成苗木を本ほ場に定植するときに台木の地上部を一五～二〇cm程度とするためで、地上部台木長が二〇cmよりも短いと、定植の際に上位根が露出してしまうからである。

居接ぎする予定のばあい、植え付け後では台木長を正確に測りにくいので、植え付け前に四二～四三cmの長さで切り戻しておく。居接ぎ直前に切り口を新しくするために台木先端を二～三cm切り戻すと、目標の台木長となる。なお、台木長は最下段の側根の発生位置から測る。

植え溝掘りは、植付け直前か一～二日前に行なう。時間をおくと土が乾燥して締まり、根の伸びを妨げる。

植え付け前に必要に応じて苗木の根部を消毒し、病害の発生を防ぐ。太い根の切断面は植え付け直前に少し切り戻すと発根がよい。植え付け直後には十分かん水し、土壌と根をよくなじませ、活着を促す。苗木の株元にワラマルチなどを行なえば、保水と抑草ができる。

芽接ぎ用台木などの植え付け

太さや根量が足りず、切り接ぎに使わない台木は別に植えておく。栽植距離は前述のとおり。芽接ぎを行なう予定のわい性台木は、植え付け前に四五cm程度の長さで切り戻す。一年延長養成する台木はどちらでもよいが、四〇cmに近い短いものは、切り戻さずに植えたほうがまっすぐな台木になる。

定植後のケア――水管理と施肥

四～五月は土壌が乾きやすい。八月頃まではスムーズに新梢を伸長させたいので、土壌水分を維持するようにこまめにかん水を行なう。市販のpFメータを植え付けの深さに設置し、pF二・五を目標に管理するとよい。

追肥は七月頃までとし、施しすぎないよう注意する。多すぎて秋に遅効きすると、新梢伸長停止が遅れ、苗木の充実が悪い。新梢伸長が不良のばあい、原因は肥料不足よりも、改植障害、土壌水分、土壌の物理性などに問題があることが多い。50頁で述べたような土壌管理をすれば、多肥しなくても十分な苗木生育が得られる。

苗木の順調な生育にとって雑草との養水分の競合は深刻な問題なので、草に埋もれてしまわないように注意する。雑草の繁茂が予想されるほ場では、土壌の保水をかねて敷きワラなどして抑草を図る。雑草の生育が盛んな時期は、草丈の小さいうちにこまめに除草を行なう。

生長の盛んな苗木は、薬剤散布後すぐに新しい枝葉が広がるため、大切な先端が病害虫に無防備となりやすい。薬剤散布は新梢先端の小さな葉にもしっかり薬がかかるようにする。最近は、四～五月頃、新梢先端にカメムシ類の被害が目立ち、重要な害虫の一つとなっている。

新梢のかき取り

定植後、接ぎ穂部分からは二、三本の新梢が、台木部分からは数本の新梢（台芽）が伸びる。従来、これらの新梢は、貯蔵養分の消耗を防ぐため、接ぎ穂の新梢を一本残して早い時期にかき取っていた。しかし、台木部分からの新梢の切除を定植後六〇～九〇日に遅らせると、夏までの接ぎ穂の新梢伸長が優れることが明らかとなった（写真12）。台木の根量が少ないばあいは、台芽かきを遅らせることの効果が大きい。

写真12　定植後45日頃の接ぎ木当年の苗木（シナノスイート／M.9ナガノ）の様子

接ぎ木テープよりも下の部分に発生している新梢はすべて台芽。このような台芽は，あまり早くかいてしまわずに，定植後60～90日の間に切除すると，穂木新梢の生育がよい。写真の苗木については，まだ台芽を切除しないほうがよい

接ぎ穂の新梢は、苗木の主幹を伸び

伸びと育成するために、接ぎ木の活着が確認されたら、早めに旺盛な一本を残して整理する。

接ぎ木テープや結束のヒモ類が、苗木の主幹に食い込むことがあるので夏頃に点検し（写真13）。秋から翌春にかけて切除してしまうと安心である。

写真13　接ぎ木テープの一部が食い込んでしまっている
このまま放置すると，苗木の生育が弱ることがある。接ぎ木テープを巻くときにも，ヒモ状にならないように注意する

苗木の掘り上げ

一年生苗木として掘り上げるばあい、自然落葉の後が望ましい。作業のつごうから、落葉を待たずに掘り上げるばあい、葉が付いたままだと、蒸散によって乾燥し保存性がよくないので、一般には掘り上げ前に強制的に葉摘みが行なわれる。

最近の研究では、摘葉が定植後の生育や樹体の貯蔵養分、耐凍性に悪影響を及ぼし、その時期が早いほど影響の大きいことが明らかとなっている。摘葉・掘り上げは十一月中旬以降が望ましい。

(2) 芽接ぎによる苗木づくり

芽接ぎは、新梢上の腋芽《えきが》を穂木（接ぎ芽）として用いて、晩夏～初秋に接ぐ。腋芽一芽を接ぐので、切り接ぎより繁殖効率がよい。

接ぎ芽の採取と準備

接ぎ芽は、来歴が確かで無病の母樹から、接ぐ直前に新梢ごと採取する。その後、乾燥を防ぐために、きれいな水を入れたバケツにさしておく。新梢に葉が付いたままだと、蒸散によって水分が減少しやすいので、ハサミで葉柄を切って葉を取り除く。葉を基部からむしると傷口をつくるので好ましくない。切り残しの葉柄部分は、芽接ぎ後、離層が形成され自然に落ちる。

接ぎ芽には、主に新梢の中間部分の腋芽を使う。基部付近の数個の腋芽と、先端側三分の一程度までの腋芽は、充実のよくないことがあるので、なるべく使わない。

台木の準備

台木に接ぐ場所は、一般に、台木長（全長）が四〇cm程度となる高さ（台木の地下部を二〇cm程度とすれば、台木地上部二〇cm程度の高さ）の一年生枝部分である。もし、台木の一年生枝部分がこれよりも短いときは、その先端から伸長した新梢の基部付近に芽接ぎを行なうこともできるが、新梢が細いとやや接ぎにくい。

芽接ぎ作業しやすいように、あらかじめ台木の芽接ぎ箇所周辺の新梢を、二、三本取り除いておく。展葉をすぎた頃（五月上旬）にかき取るとよい。このとき、接ぎ木の邪魔にならない部位の新梢（とくに、芽接ぎ箇所より下側の新梢）はできるだけ残しておく。そのほうが、翌年、接ぎ芽からの新梢の生育が良好で揃いもよくなる。

芽接ぎの作業

芽接ぎには、主にT字芽接ぎ（盾芽接ぎ）とそぎ芽接ぎの二種類がある。写真14～15にその手順を示した。

T字芽接ぎは台木にT字の切れ込み

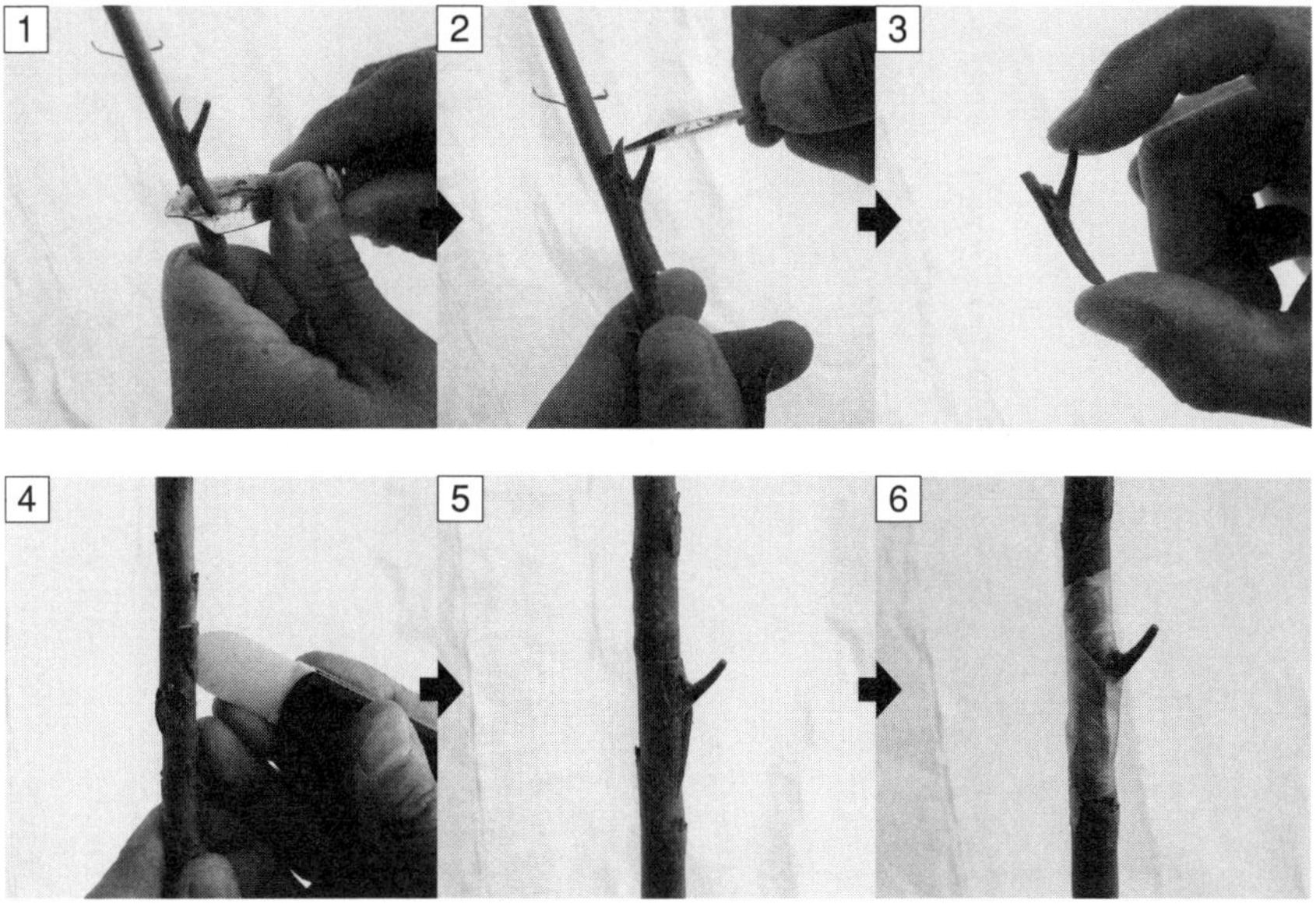

①T字芽接ぎの穂木を切る。芽の下側からナイフで切り上げる。
②芽の上側で真横にナイフを入れ，接ぎ芽を切り取る。
③T字芽接ぎ用の接ぎ芽。
④台木にT字の切れ目を入れ，ヘラで軽く開く。
⑤接ぎ芽を，T字に開いた皮部の下にはさみ込む。
⑥テープで固定する。

写真14　T字芽接ぎの手順

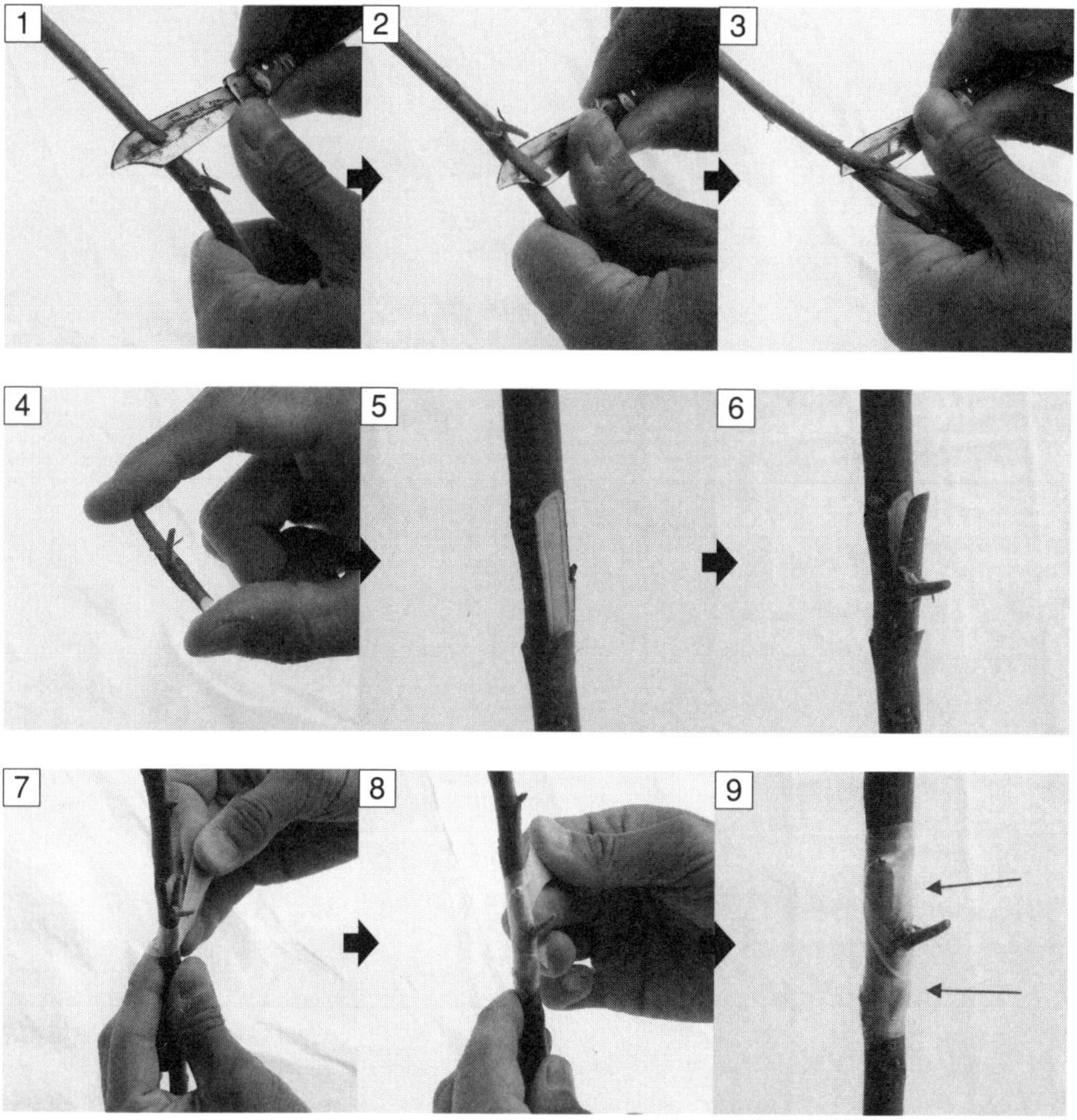

①そぎ芽接ぎの穂木を調製する。T字芽接ぎの場合と上下逆に穂木を持ち，芽の下側（基部側）にナイフを入れる。
②次に，芽の上側（先端側）からナイフを入れる。
③芽の真下を通過し，ナイフを下ろし，接ぎ芽を切り取る。
④そぎ芽接ぎ用の接ぎ芽。
⑤接ぎ芽を切り取った手順とほぼ同様に，台木を削る。接ぎ芽とほぼ同じサイズに削る。穂木よりも台木が太い場合には，台木の形成層の間隔が接ぎ芽のそれと同じになるように削る。
⑥接ぎ芽をはめ込む。
⑦テープを巻きつける。接ぎ芽の下側をしっかり固定する。
⑧テープを巻きつける。接ぎ芽の上側もしっかり固定する。
⑨テープで固定する際は接ぎ芽の上側と下側の2ヵ所をしっかり押さえる。

写真15　そぎ芽接ぎの手順

を入れ、皮部をめくって接ぎ芽をはさむ方法である。そぎ芽接ぎは、接ぎ芽を切り取るときと同様の切れ込みを台木に入れ、接ぎ芽をはめ込む。どちらも、接ぎ芽をさし込んだあとは、パラフィンテープなどで全体を固定する。そぎ芽接ぎでは、芽の上と下の二ヵ所をしっかり固定するのがポイントである（写真15）。固定が不十分だと台木由来のカルスに接ぎ芽が押し出され、癒合などよくないことがある。

T字芽接ぎは専用の芽接ぎナイフ（写真16）が使いやすい。そぎ芽接ぎは、接ぎ木ナイフでも作業できる。

どちらも、芽接ぎ後一〜二ヵ月すると活着がよく確認できる（写真17）。残した葉柄が自然に落ちるのが活着のサインである。

苗木の管理

芽接ぎした苗木は、年内は接ぎ芽が

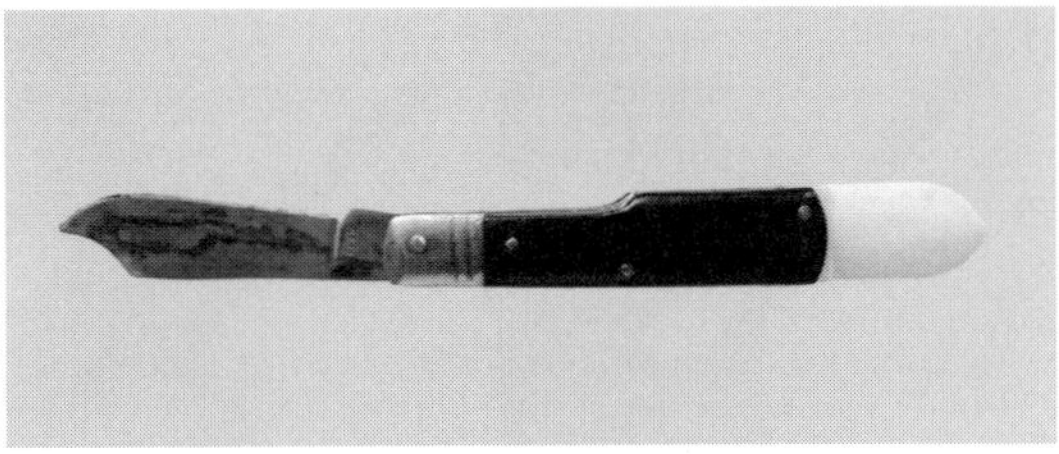

写真16　芽接ぎ用の折りたたみナイフ

①T字芽接ぎの活着の様子　②そぎ芽接ぎの活着の様子

写真17　芽接ぎの活着の様子

写真18　発芽前の台木の切り戻し

この作業が遅れると接ぎ芽の発芽がよくない。必ず，台木の発芽前には接ぎ芽のすぐ上で切り戻すようにする。M.9台木は発芽が早いので注意（3月上旬には切り戻しを行なう）。切り戻し後，切り口には塗布剤を塗り，保護する活着するだけで、接ぎ芽からの新梢伸長は翌年となる。冬期間には、野その食害や凍害に注意する。野そ対策は50頁参照。凍害防止対策として主幹部に白塗剤を塗るとよい。

翌春、発芽前に、接ぎ芽の直上で台木を切り戻す（写真18）。接ぎ芽の下の一年生枝はしばらく残し、六月頃に基部から切除すると、接ぎ芽からの新梢の生育がよい。

（小野剛史）

3　高接ぎの実際

高接ぎ更新は、抜根して苗木で更新する方法に比べ、生産を回復し成園化するのに要する年月が短いことから、品種更新時の生産ロスを防ぐために用いられる。また、一本の樹に複数の品種を成らせたいときにも高接ぎを行なうとよい。

高接ぎには、切り接ぎ、芽接ぎ、皮下接ぎ、腹接ぎなどの方法が用いられるが、ここでは主に切り接ぎと皮下接ぎについて説明する。

(1) 高接ぎの作業

大木や広い面積を高接ぎ更新するばあいは、穂木の量が多く必要になるので、目的に合わせて十分な量の穂木を確保する。二〇年生程度の大きな樹を一挙に更新しようとすると、四〇ヵ所程度接ぎ木する必要がある。

よい穂木の選び方

穂木は、落葉後から発芽までの間に採取すればよいが、できるだけ一～二月頃に採取する。採取した穂木は乾燥しないように、ビニール袋に入れて冷蔵庫に入れるか、地下室に入れて貯蔵する（51頁参照）。

穂木は、充実した芽をもった枝を採取する。ウイルスに感染していない穂木を採取するために、健全な母樹から採取する。

高接ぎには、やや太めの穂木（直径六～一〇㎜程度）を用いる。太めの穂木のほうが、活着後の新梢伸長が旺盛となり、早く樹冠を確保できる。

採取した穂木は短く切らずに貯蔵し、接ぎ木の際に切除する。

着色系のような枝変わり系統の穂木を採取するばあい、生育の旺盛な徒長枝から採取しないほうがよい。このような枝はまた変異がおきる可能性があるからである。

穂木の調製

接ぎ木の適期は、中間台木（もとの品種、以後中間台木とする）の樹液が流れ始める三月下旬から五月上旬である。

接ぎ木する位置は、目標とする樹形や基本の配枝ができるような位置とする。

穂木は、苗木づくりに用いるものよりも長くする。一般的には三〜五芽を持つ長さとするが、これより長くてもよい。一穂当たりの芽数が多いほど更新直後の結実量が多くなるが、穂木の量や接ぎ木箇所数も考慮する。

穂木の切り方は苗木づくりのばあいと同様である。中間台木との接着面を平らに削ることが重要である。また、接着面を長めに削るようにする（写真19）。接着面が長くなると活着がよくなり、接ぎ木部で折れにくくなる。削る面は、接ぎ木後の穂木先端の芽が上向き、または斜め上向きとなるようにする。

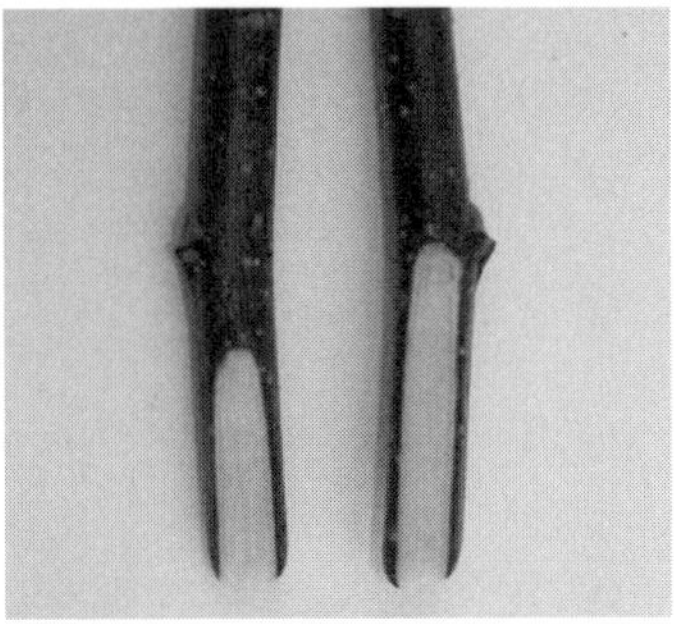

写真19　穂木は苗木づくりのばあいより長めに削る
上の枝のように長めに削ることで活着もよくなり折れにくくなる

穂木の乾燥防止が必要なばあいは、パラフィンテープで穂木を密封するように巻く。この作業は、穂木を中間台木に接ぐ前に行なったほうがよい。

切り接ぎの実際

中間台木の切り方は、苗木づくりの台木の切り方と同様である（前節59頁参照）。接ぐ位置は、新梢伸長後に誘引することを考えて枝の上側とする（写真20）。枝の下側に接ぎ木すると、誘引の際に接ぎ木部から折れたり、伸長した枝の重みなどで接ぎ木部が折れやすいので注意する。

高接ぎでは、中間台木が穂木より太いことが多い。このため、両側の形成層を合わせることができないので、片側の形成層を完全に合わせる（写真21）。

中間台木と穂木を合わせたら、接ぎ木テープでしっかりしばる。テープのしばり方がゆるいと活着が劣る。テー

写真20　接ぐ位置は枝の上方
折れにくく誘引しやすい

写真22　皮下接ぎでの中間台木のはく皮

2本切れ目を入れて皮部をはぐ。時期が早すぎるとはぎにくいので，発芽直後頃がよい

写真21　中間台木が太いばあいはどちらかの形成層に合わせる

写真23　皮下接ぎでは穂木を皮部と木部の間にさし込む

プの巻き方で接ぎ木の良否が決まるといっても過言ではない。

テープでしばったあと、穂木と中間台木の切り口にペースト剤を塗布して、切り口からの乾燥を防ぐ。

皮下接ぎの実際

中間台木の切り口が、穂木に比べて非常に太いばあいには皮下接ぎを用いる。皮下接ぎは、中間台木の皮部に切り込みを入れて皮部をはぎ、皮部と木部の間に穂木をさし込む方法である（写真22、23）。皮下接ぎは、中間台木の剥皮が容易となる発芽直後頃が適期である。

穂木の切り方は切り接ぎと同様であるが、中間台木と密着する部分を長く（二一cmくらい）とるようにする。

中間台木の切り込みは穂木の太さよりやや広い程度とする。接ぐ位置は、切り接ぎと同様に枝の上側とする。穂木をさし込んだあと、接ぎ木テープでしっかりしばる。

　皮下接ぎでは、穂木の外側に大きな隙間ができやすい。この部分からの乾燥を防ぐために、接ぎロウなどで隙間をふさぐ（写真24）。その後、穂木と中間台木の切り口にペースト剤を塗布する。

　この方法では、生育初期に接ぎ木部から折れやすいので、早めに添え木などをして欠損を防ぐ。

（2）高接ぎ後のケア

高接ぎ当年は芽かきと誘引

穂木から発芽し新梢伸長が確認されたら活着した証拠である（写真25）。

　高接ぎ後、中間台木（もとの品種）から多数の新梢が発生する。接ぎ木した穂木の伸長をさまたげる新梢は、早い時期に切除する。特に枝の上面から出る枝は強勢となりやすいので、早めに切除する。ただし、樹齢の経過した大木を一挙更新したばあい、枝の上面から発生した新梢をすべて切除すると、夏季に太枝の上面が日焼けをおこし樹皮が傷むので、日焼け防止に弱めの新梢を残しておくことも必要であ

写真24　穂木と中間台木の隙間を接ぎロウなどでふさぐ
この部分が開いていると，接ぎ木部が乾燥しやすく，活着が悪くなる

写真25　活着後の穂木の様子
接ぎ穂から新梢が伸長してきたら活着のサイン

る。

枝の側面から出ている枝は、八月頃までの間に適宜切除する。

早い時期に接ぎ穂だけにしてしまうような芽かきは行なわない。このような処理をすると地上部と地下部のバランスがくずれて生育を弱らせることになってしまう。また、穂木から発生した新梢はすべて残す。

また高接ぎ後、穂木からの新梢伸長に合わせて添え木などを利用して、結束、誘引する（図1）。接ぎ木当年は接ぎ木部の癒合が弱いうえ、風当たりの強い場所や、穂木からの新梢伸長が旺盛なばあいは、接ぎ木部で折れやすい。そのため、中間台木も含めて添え木に結束したほうがよい。

また、立ちすぎた枝を誘引することでその後の花芽着生が促進され、誘引により枝の方向を矯正することもできる。

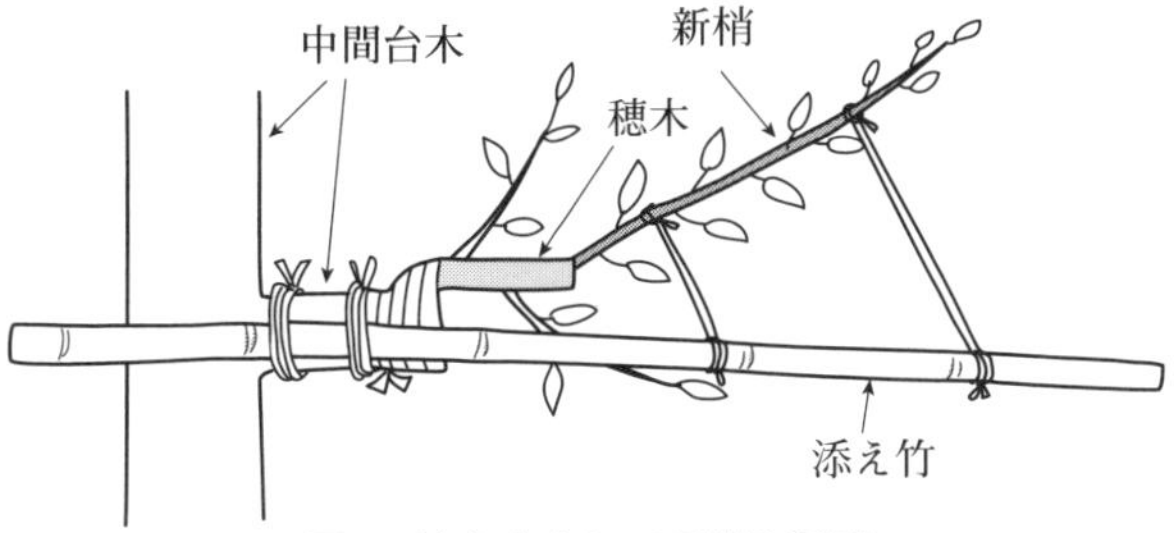

図1　添え木をして新梢を誘引

中間台木部で結束して，接ぎ木部からの折れを防ぐ

整枝・せん定のやり方

高接ぎ更新では、高接ぎ当初は枝の伸長が旺盛である。主枝や亜主枝などの骨格枝となる枝には先刈りを行なって枝の伸長を助ける。しかし、高接ぎ更新は早期に収量を確保することが目的である。このため、樹勢が強いばあいは早期結実のために次のことに注意する。

①なるべく枝を残し、樹勢が落ち着いたら徐々に整理する。

②旺盛に伸長している枝は先刈りしない。

③施肥はひかえる。

また、高接ぎ後の誘引が足りずに枝が立ち上がっているばあいは、添え竹などを利用して誘引を行なう。

（玉井　浩）

ナシ・西洋ナシ

1 実生による台木づくり

（1）ニホンナシの台木

現在、ナシの台木は、ニホンヤマナシ（ヤマナシ）、ホクシマメナシ（マンシュウマメナシ）、マメナシの種子を播種して育てた実生が用いられているが、土壌適応性などはホクシマメナシやマメナシのほうが広い。こうした台木が入手できないばあいは、栽培品種の実生も利用できる。

種子の準備

種子は成熟した果実から採取し、よく水洗いしたあと日陰で乾燥させる。この状態では種子中の胚が休眠中であるので、種子の発芽に好適な条件となっても発芽しない。胚の休眠を破るために、湿潤低温処理（Ⅱ章46頁参照）を行なうが、一般的には湿った川砂に種子を混ぜポリ袋などに入れて、冷蔵庫で五℃ぐらいの低温に二～三ヵ月貯蔵する。使用する川砂はカビの発生を抑えるため、あらかじめ熱湯などで消毒する。

播種と苗木の養成

播種期は三月上旬が適期で、条《すじ》播きまたはバラ播きをして後に移植するか、直接苗ほに播くばあいには六〇～一〇〇cmの畦幅で、一〇～一五cm程度の間隔で播く。播種後は十分かん水を行ない、乾燥させないように敷きワラなどを行なう。発芽後一ヵ月頃から適宜少量の速効性肥料を一～二回施せば、その年には接ぎ木に利用できる台木が養成できる。

少量の台木養成では、成熟した果実から採種後よく水洗いし、日陰で乾燥させる。その後封筒などに入れて保存する。播種予定一ヵ月前ぐらいになったら一昼夜水に浸け、シャーレにろ紙を敷いて水をまき、種子を置いて五℃程度の冷蔵庫に保存する。数週間から一ヵ月すると休眠が破れ種子から幼根が出てくるので、それを確認して播種する方法でもよい。

（2）西洋ナシの台木

西洋ナシを接ぐ台木には、前述のニホンナシ台木のほか、わい性台木としてマルメロの選抜系統が用いられている。現在各国で用いられている台木は、EM−A、EM−B、EM−C、BA−29

などだが、わが国ではＥＭ-Ａがもっとも多く使われている。各台木品種による樹冠の大きさは、ＥＭ-ＡとＢＡ-29がほぼ同等で大きく、次いでＥＭ-Ｂ、ＥＭ-Ｃの順である。これらの台木は取り木法やさし木法により繁殖するが、取り木法のほうが確実性が高い。方法については、リンゴの項を参考にされたい（50〜56頁）。

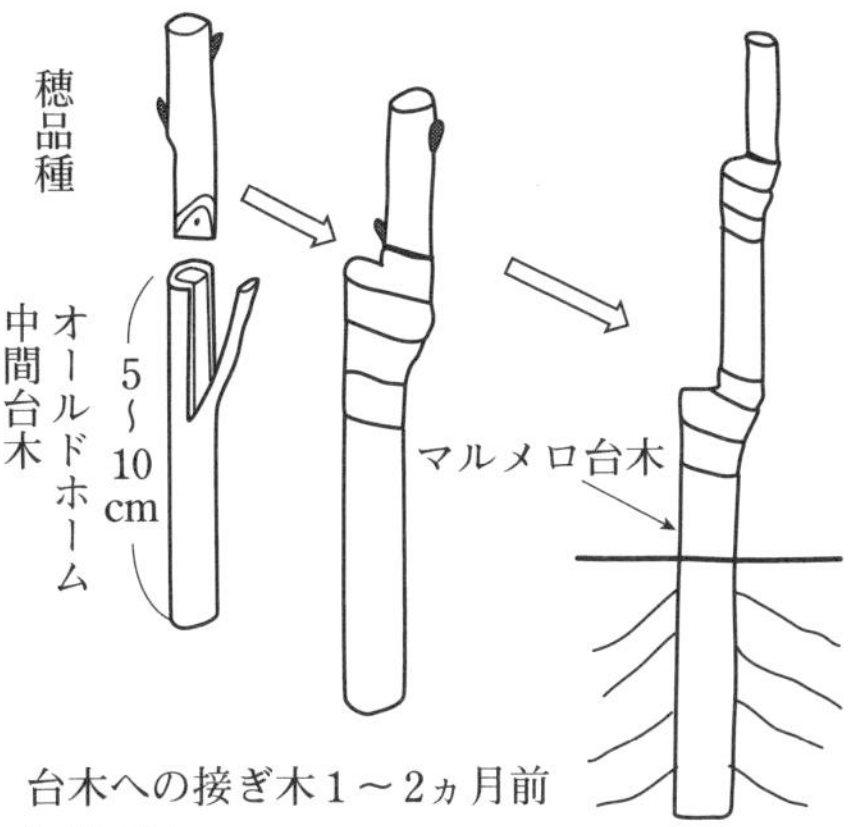
台木への接ぎ木1〜2ヵ月前に接ぎ木
ビニール袋などに密閉し冷蔵庫へ

図1　二重接ぎの方法

なお、こうした台木と西洋ナシ品種との間に接ぎ木親和性が劣るばあいがあるため、親和性が確認されている西洋ナシ品種「オールドホーム」などを中間台木として利用するのが無難である。中間台木の長さは五〜一〇cm程度とする。

2　接ぎ木の実際

(1) 接ぎ木苗づくり

ナシは接ぎ木繁殖が容易で、接ぎ木の要領はリンゴなどと同様である（リンゴ56〜67頁参照）。

西洋ナシのわい性台木苗では、中間台木として「オールドホーム」などを利用するが、一年目に中間台木を接ぎ木し、二年目に品種を接ぎ木する方法、一挙に二重接ぎをするやり方（図1）などがある。二重接ぎは、まず台木への接ぎ木の一〜二ヵ月前に、中間台木に穂品種を接ぎ木して、これを乾燥させないようビニール袋などで密封し、穂木と中間台木が発芽しないよう、冷蔵庫などへ入れておく。この間にカルスがのり、活着する。四月頃にこれをマルメロ台木に接ぎ木する。接ぎ木位置は地下部が二〇〜三〇cmとして地上一〇cmぐらいの位置とする。

(2) 高接ぎ更新のやり方

ナシも既存品種の更新法として、リンゴなどと同様に高接ぎ更新ができる。要領はリンゴと同様であるが、太い枝などへの更新を一気に行なうと、中間台木（高接ぎでは、更新される元の樹を中間台木という）が太すぎて接ぎ木しにくいばあいが多く、たとえ接ぎ木が成功しても、接ぎ穂が旺盛に伸びすぎ、花芽の着生が遅くなる。そこで、太枝から出た親指大の太さの枝に何ヵ所も接ぎ木すると、活着率が向上するとともに、早期の花芽着生が期待できる。逆に上の枝が強く、あまり生長が期待できないような枝に接ぎ木しても、接ぎ穂の伸長が悪くなるので注意する。

また、主枝・亜主枝など骨格枝の更新には、図2に示したような腹接ぎの方法も用いられる。このばあい、急激に接ぎ木部位より先端の中間台木部分を切り落とすと樹勢の衰弱や樹形の乱れにつながりやすいので、徐々に台木部分を小さくしながら、穂木部分からの枝を大きくし更新していく。

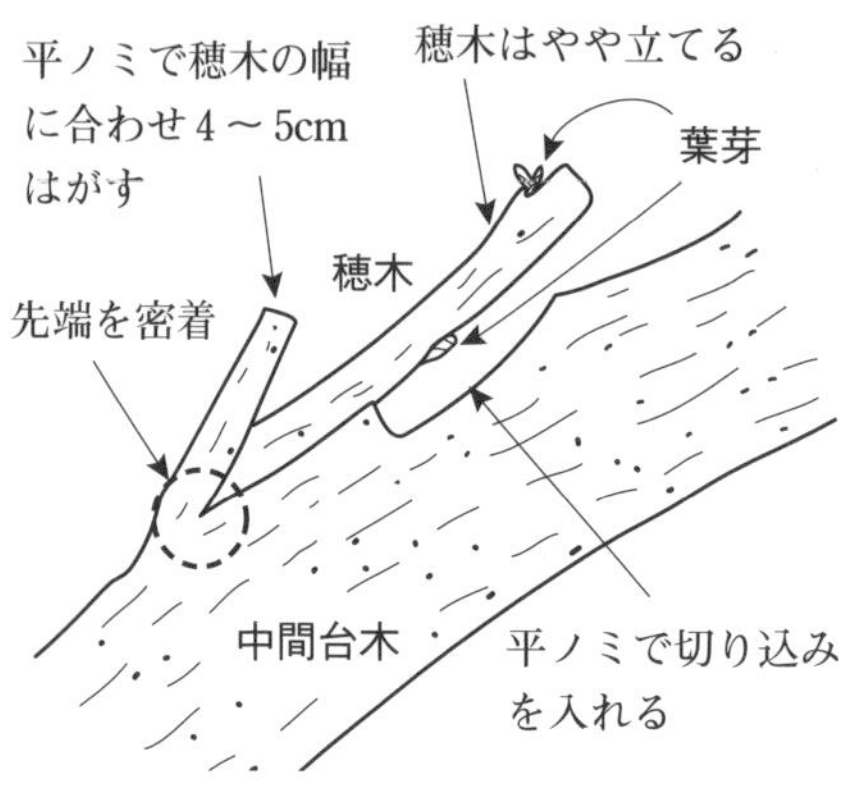

図2　腹接ぎのし方

写真1　ナシの高接ぎ更新
矢印の部分が接ぎ木箇所で，黒いテープを巻いた枝が伸長した接ぎ穂

3 接ぎ木後のケア

苗木養成では、接ぎ木後活着すると、接ぎ穂のそれぞれの芽から新梢が伸び始めるので、芽かきを行ない一本の芽を伸ばす。中間台木からも新梢が出始めるので、順次芽かきをする。旺盛に新梢が伸びると風で接ぎ木部位から折れることがある。そこで苗木に支柱を添えて新梢の折損を防止しまっすぐ伸びるようにしてやる。

高接ぎでは、とくに旺盛に伸びることがあるので、中間台木の部分に添え竹を固定して穂木新梢を固定し、折損防止に努めるとともに、先端の新梢を目的の方向に伸ばすよう、六月頃から誘引する。それより下の新梢は、木質化する前にねん枝や誘引を行ない、結果枝とする。背面から出た芽はできるだけ早く除去する。

中間台木の接ぎ木部付近から多数の新梢が発生するが、接ぎ穂の生育を促進するために早めに除去する。ただし、一挙更新で葉面積が極端に少なくなった樹のばあいは、中間台木から発生した新梢により葉面積を確保し、徐々に整理する。

（臼田　彰）

核果類（モモ・スモモ・ウメ・オウトウなど）

1　台木づくり

核果類は、樹種により台木養成の方法が異なる。モモ、アンズ、ウメは野生種や栽培種の実生を用いるが、スモモ、オウトウは、さし木繁殖可能な台木用の母樹より新梢を採取し、さし木して台木を養成する。

（1）実生による台木づくり

台木は同一系統または同一品種の種子を使用する。一般に、栽培種では早生種は胚の充実が劣り不発芽となりやすいが、野生種では早生種でも胚の充実がよく発芽率が高い。モモでは「おはつもも」や「筑波台木系統」などを使用するとよい。

種子の採種・貯蔵

完熟した果実を収穫して種子を取り出し、付着している果肉をていねいに洗い落とした後、適度に風乾する。貯蔵は、ビニール袋に密閉し冷蔵庫で貯蔵するか（湿潤低温貯蔵、Ⅱ章46頁参照）、鉢や箱に湿らせた砂と種子とを交互に層積して貯蔵する。貯蔵中に種子が乾燥すると発芽率が極端に低下する。ただし、過湿状態では種子を窒息死させ腐敗する原因ともなるので注意する。

なお、モモでは果実の小さな野生種は、秋播きのばあい果肉が付いたまま土中に埋めてもよいが、栽培種のように果実が大きいと土中で果肉が腐敗し、ガスが発生して種子が窒息することがある。

播種とその留意点

播種時期は、秋播きと春播きがあるが、冬期間乾燥したり、春先の融雪により過湿となる地域では春播きがよい。

秋播き・春播きのいずれも、種子が冬の低温を一定期間受けて休眠打破する必要がある（Ⅱ章46頁参照）。休眠が打破されていれば、地温が上がり適度な水分があれば、自然に核が割れて発芽してくる。

秋播きは十～十一月頃に行なうが、春、台木の発芽前に雑草が生えるので、こまめに除草してやる。

春播きは三月に入ったら行なう。播種が遅れると貯蔵中に発芽するので注意する。なお、ウメの種子は発芽が早いので、一月末までには播種する。

貯蔵中に種子を乾燥させたり、低温に十分あわせなかったばあいは、五～七日くらい水に浸けて十分吸水させ（二～三回水を取り替える）、湿った砂の中に入れて〇～五℃くらいの冷蔵庫で三～四週間低温処理をしてから播種する。

播種にあたっては、接ぎ木作業ができるよう、条間七〇～八〇cm、株間一〇cmくらいの条播きとする。育成中は適宜かん水と病害虫防除を行なう。多肥にして台木を大きくしすぎると、接ぎ木が困難になるので注意する。

(2) さし木による台木づくり

オウトウのアオバザクラやスモモの通称ス台（ミロバランスモモの一系統といわれている）は、さし木により台木を養成する。方法は、リンゴのマルバカイドウの養成法に準じて行なう（50頁参照）。

2 接ぎ木の実際

核果類の接ぎ木繁殖には、春先に行なう休眠枝接ぎと、生育期間中に行なう芽接ぎ、緑枝接ぎがある。モモでは一般に、芽接ぎのほうが活着率が高いが、結束にパラフィルム（パラフィンワックス製の接ぎ木テープ）を用いることにより、切り接ぎでも高い活着率が得られる。

(1) 芽接ぎのやり方

接ぎ木の準備

芽接ぎの適期は、八月下旬～九月下旬頃である。早すぎると接ぎ芽が伸長する恐れがあり、遅いと気温も低くなり活着率が劣る。

穂木は品種を間違えないよう注意

し、芽が充実した新梢（三〇cm以上）を用いる。枝は採取後ただちに葉柄を残して葉を落とし、持ち運ぶばあいは水分の蒸散を防ぐため濡れた新聞紙などに包みポリ袋に入れる。

　核果類は、葉芽と花芽が別である（図1）。芽の状態を確認し、必ず葉芽のある部分を接ぎ穂として使う。また、接ぎ木した芽に障害があると発芽しないので、大切な品種は二〜三ヵ所芽接ぎをしておくと安全である。

そぎ芽接ぎとT字芽接ぎの実際

　接ぎ方には、そぎ芽接ぎとT字芽接ぎがある。そぎ芽接ぎは台木、穂木とも剥皮が困難なばあいでも接ぎ木できるが、T字芽接ぎは台木、穂木とも剥皮できることが条件となる。

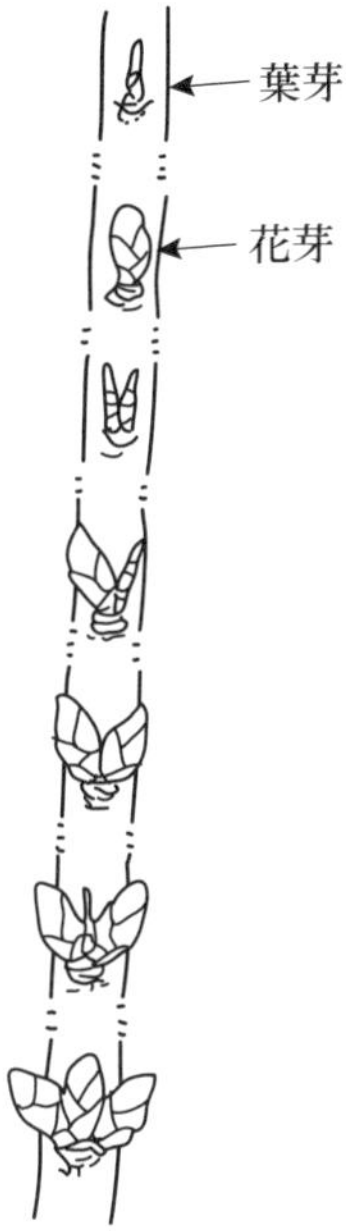

図1　芽の着き方
丸くふくらんだ花芽と細くやせた葉芽がつくモモの結果枝
（熊代による）

　新梢が伸びている状態では剥皮しやすいが、停止しているばあいは、かん水して数日後に実施すると剥皮しやすくなる。

　そぎ芽接ぎでは、穂木は芽の上方約一・四cmから下方に向かって、芽の直下の木質部をできるだけ薄くそぎ下ろす（次頁の写真1）。次に芽の下方〇・六cmあたりに芽と平行に刃を当て、斜め下方に切り込み、穂木より芽を切り離す。木質部は付いたままでよい。

　台木は、南側の地上一〇cm程度のあたりで、約二cmの平滑な接ぎ木部を選び、接ぎ芽をつくるときと同じように、わずかに木質部にかかるように樹皮を切り下げ、舌状部の切り口をつくって切り離す（写真2）。台木の切り込み部に芽が密着するようにはめ込んで（写真3）、テープで結束する。

　T字芽接ぎでは、穂木は芽の上方に表皮だけ水平に切り傷を入れ、次に芽の下方より上方に向けて、芽の直下の木質部をそぎ上げる（写真4）。そぎ取った接ぎ芽は、木質部からはぎ取る。台木にT字形の切り込みを入れて、剥皮（写真5）の中に接ぎ芽を挿入して（写真6）、テープで結束する。

　結束に用いるテープには、ビニールテープ、パラフィルムなどがある。ビニールテープは台木の肥大とともにくびれるばあいがあり、また、芽を出して結束するため、コスカシバの被害を

写真1　そぎ芽接ぎの芽のつくり方

芽の上より刃を入れ，下まで表皮を薄くそぎ，下部に斜めに刃を入れて切り離す

写真2　そぎ芽接ぎの台木の調製

台木は接ぎ芽と同様に切り，芽がさし込めるよう下部は斜めに切り込みをつくる

写真3　そぎ芽接ぎの接ぎ木

台木に芽をさし込み，テープで結束する

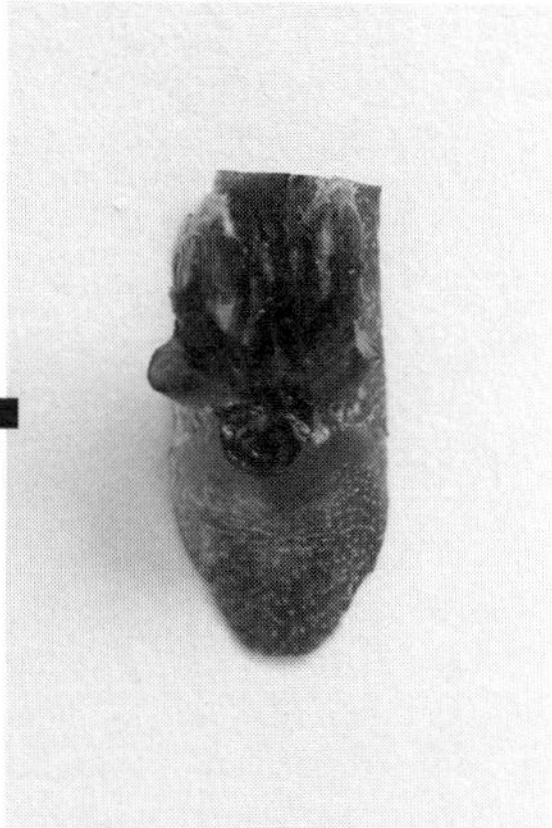

写真4　T字芽接ぎの芽のつくり方

芽の上方に表皮だけ水平に切り傷を入れ，次に芽の下方より上方に向けて，芽の直下の木質部をそぎ上げる。裏側の木部をはぎ取る

写真5　T字芽接ぎの台木の調製

T字型に傷を入れ，ヘラなどで表皮を観音開きにする

写真6　T字芽接ぎの接ぎ木

台木に芽をさし込み，テープで結束する

受けることがあるので注意する。

パラフィルムは芽を出さずに全体を結束できるので、作業は容易である。翌春、接いだ芽はフィルムを破り発芽するので、くびれやコスカシバによる被害の心配もない。ただし、芽の部分は強く巻きすぎないよう注意する。

芽が活着したかどうかは、接ぎ木後一〇日ほどしてから葉柄の様子で判断する。指で葉柄に触れてみて、落ちれば活着している。黒く萎凋して落ちなければ不活着であるので、再度芽接ぎを行なう。

（2）休眠枝接ぎのやり方

休眠枝接ぎの方法には揚げ接ぎと居接ぎがあるが、居接ぎは四月上中旬が適期である。接ぎ木の要領は、リンゴに準ずる（56～67頁）。

穂木（休眠枝）は催芽しない三月上旬までに採取し、ただちに接ぎ木するか、ポリ袋（厚さ〇・一㎜）に密封し、〇～五℃の冷蔵庫内に貯蔵する。

核果類の接ぎ木は、穂木、台木の形成層を両側とも合わせることが活着率を向上させるポイントとなる。接ぎ木部をテープでしっかり固定し、穂木はパラフィルムで全体を包んで乾燥を防ぐ。

3　接ぎ木後のケア

接ぎ木した苗木は、畦間は一m程度、株間は二〇cm程度に植え付け養成する。土壌の乾燥、過湿に注意するとともに、適宜病害虫防除を行なう。

新梢が伸長してきたら、折れないように支柱を立てて誘引しまっすぐに伸ばす。

なお、オウトウなどでは、不織布ポットを用いた大苗育苗も行なわれている。ポットで二～三年程度養成し花芽が着生した苗木を本ぽに定植することにより、早期から結実させることができること、また、植え付け時の根の損傷が少ないことなどから改植時に利用されることが多い。

（木原　宏）

1 ブドウの繁殖方法

(1) 繁殖の特徴

ブドウはさし木により容易に発根するため、自根苗による繁殖は比較的簡単である。しかし自根苗では根に寄生するブドウネアブラムシの被害による樹勢衰弱や、根が浅いことによる環境への適応性の低さから、生産が不安定である。このため、抵抗性台木を用いた接ぎ木苗の利用が一般的である。

なお、接ぎ木によりウイルス病が伝染するため、台木、穂木は、ともにウイルスに汚染されていないものを用いる。また穂木を採取する母樹は、生育が健全で果実品質が良好なものを選ぶ。

(2) 接ぎ木法の選択

接ぎ木方法には、ほ場で台木の新梢に穂品種の新梢を接ぐ「緑枝接ぎ」「寄せ接ぎ」や、室内で休眠枝（一年枝）同士を接ぐ「英式鞍接ぎ」などがある。前者の方法は誰でも比較的容易に取り組めるが、大量生産は難しい。後者は、接ぎ木作業が効率的に行える反面、管理作業に熟練を要するため、一般農家には不向きである。

ここでは、もっともチャレンジしやすい「緑枝接ぎ」による苗木づくりについて解説する。

2 接ぎ木の実際

(1) さし木による台木づくり

緑枝接ぎとは、台木から発生した新梢（当年発生した枝）に、穂品種の新梢（芽）を接ぐ方法である。台木はさし木により養成する。

台木品種の選択

穂品種や栽培環境に応じて台木品種を選択する。一般的には半わい性の「テレキ五ＢＢ」が用いられるが、欧州系品種のように樹勢の強い品種や肥沃な土壌では、半わい性の「三三〇九」やわい性の「一〇一－一四」などの利用も検討する。

さし穂の採取と貯蔵

さし穂となる休眠枝は、落葉後から十二月中に採取する。厳寒期（一～二月）の採取では発芽不良となりやすい。

さし穂としては、切断面が丸く、中庸な太さの充実した枝を選ぶ。採取後、乾燥しないようビニール袋に入れて冷蔵庫（二～三℃）に入庫するか、日陰の土中に埋めて翌春まで保存する。

さし木床の準備

整地後、十分かん水したほ場に畦をつくり、黒色のポリエチレンフィルムでマルチを行なう。マルチにはさし木をする穴を約一五cm間隔で開けておく。

さし穂の調製とさし木

さし木の実施時期は、三月以降とする。寒冷地では晩霜害の心配がなくなった時期にさし穂が発芽することが望ましいので、四月頃が適期となる。

さし穂は、さし木の前日に冷蔵庫から出し、二～三芽（約二〇～二五cm程度）に切り揃える。先端以外の芽は削り取り（図1）、一昼夜水さしする。調製時に芽や枝に異常が認められるものや、乾燥したものは用いない。

さし穂は芽が見える程度に直ざしし、穂の先端部と芽の切除部にはペースト剤を塗布し、乾燥を防止する（写真1）。

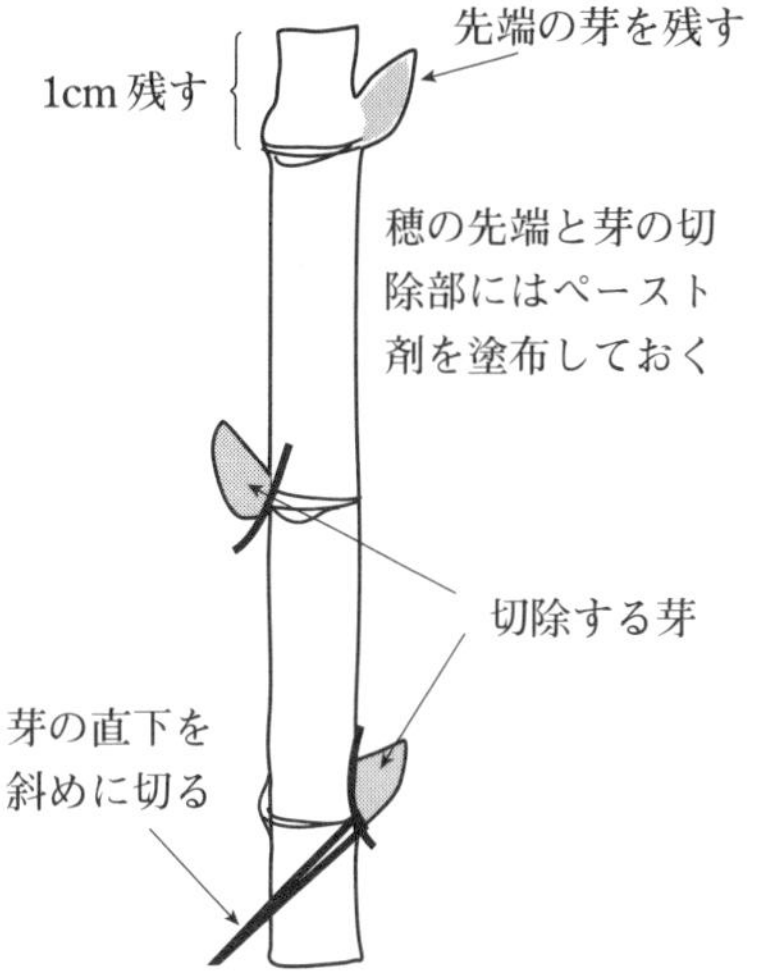

図1　さし穂の調製方法

写真1　さし木後の発芽の様子（台木品種）

さし木の間隔は15cmくらい。あらかじめ黒ポリマルチには穴を開けておく

発芽後の管理

発芽、伸長した新梢は、支柱を立ててまっすぐに誘引し、生育を助ける。

新梢の生育が良好なばあいは、さし木当年に台木として接ぎ木に利用できる。伸長が不十分なばあいはそのまま一年間養成し、来春基部まで切り戻して、新たに発生した新梢に接ぎ木を行なう。

(2) 緑枝接ぎの方法

接ぎ木時期は、開花前の五月下旬から六月中旬が適期である。これより早くて樹液流動が活発な時期や、逆に遅くて台木新梢の硬化が進んだ時期では活着が悪い。

穂木の採取と調製

穂木は生育良好で充実した新梢（葉数一〇枚以上に伸びた枝）の、中央部

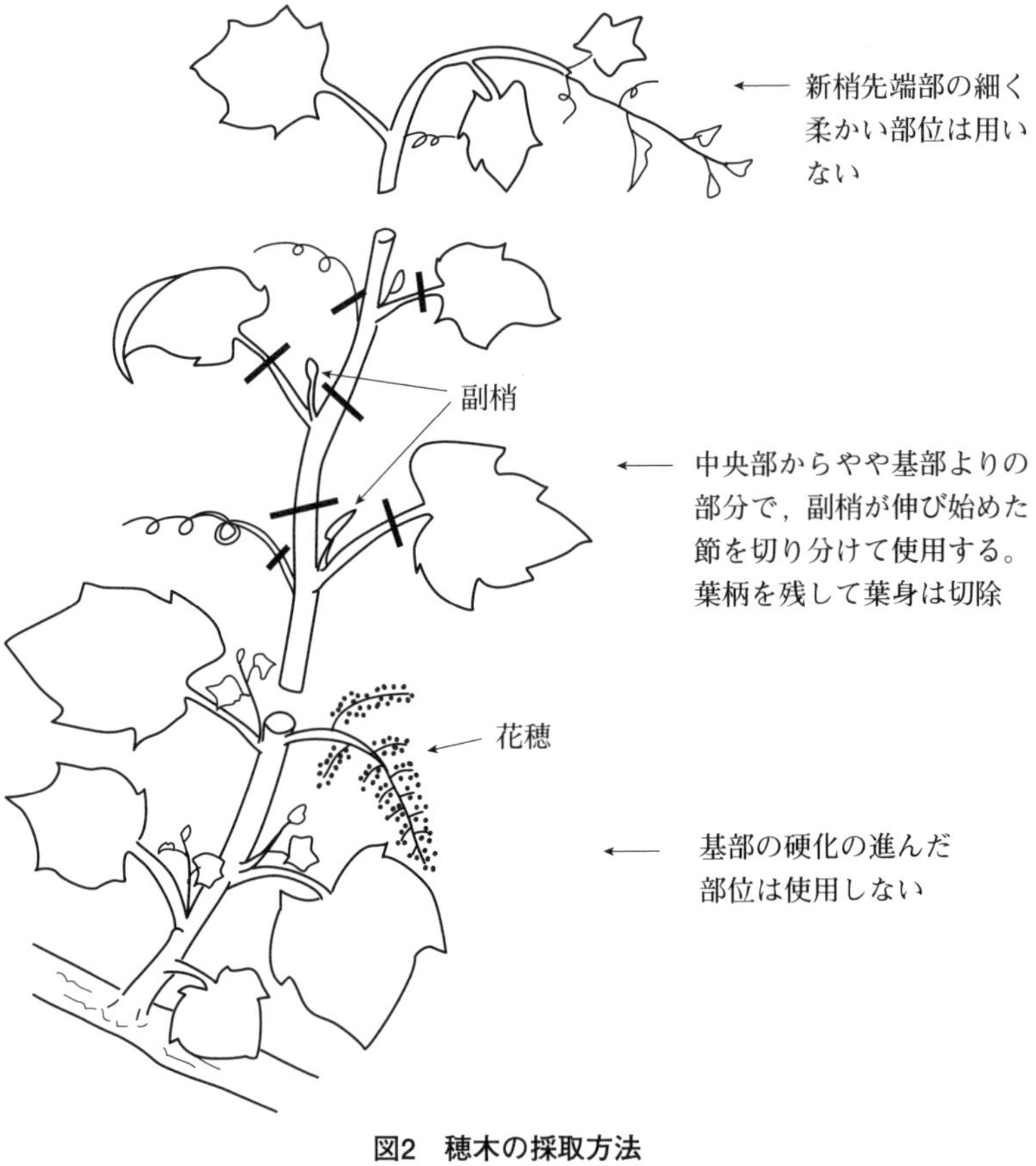
新梢先端部の細く柔かい部位は用いない
副梢
中央部からやや基部よりの部分で，副梢が伸び始めた節を切り分けて使用する。葉柄を残して葉身は切除
花穂
基部の硬化の進んだ部位は使用しない

図2　穂木の採取方法

からやや基部寄りの部分を採取する。枝がやや硬くなり副梢の活動が始まっている節が最適である（図2）。

採取した新梢は、葉柄を残して葉身をすべて切り取り、バケツなどに水さしして持ち運ぶ。

芽の上一～二cmくらいを残して、長さ五～七cmに切り、くさび形に削る。葉柄は残したままにする（写真2―①）。

台木の調製

接ぎ木部位を決め、その位置まで切り戻す。通常、展葉したての葉から三～四枚下の節間で、硬すぎずやや柔らかいくらいの節間がよい。

新梢の横断面中央にまっすぐに切り込みを入れる。切り込みの先端が下位の節にややかかるくらいまで二～三cmの長さで入れる（写真2―②）。切り込みには、接ぎ木刀などの肉厚のものでなく、カミソリや薄手のカッターナイフを用いる。

穂木の挿入と固定

台木と同じ太さの穂木を選び、形成層が合うように穂木を奥までしっかりさし込む（写真2―③）。

ブドウの枝はやや扁平なため、穂木の削る方向、台木の切り込み方向により太さの調節は比較的容易である。両者の太さが合うよう考慮して穂木、台木を調製する。

接ぎ木部および穂木全体に接ぎ木テープ（パラフィルム）を巻いて固定する（写真2―④）。とくに穂木の先端部分から乾きやすいので、この部分には必ずかかるように巻く。ただし、動き始めている副梢は巻き込まないように注意する。

活着の確認

活着すると、接ぎ木後一週間程度で穂木の葉柄が黄変し脱落する。この現象が確認されればほぼ接ぎ木成功と判断できるが、穂全体が萎れてくれば残念ながら失敗である。

穂品種に休眠枝を用いた緑枝接ぎ

新梢（緑枝）の代わりに休眠枝（前年伸びた枝）を穂木として用いる方法もある（写真2―⑤、写真2―⑥）。①穂木が確保しやすく、穂木をもってのほ場間の移動が容易、②活着後の新梢伸長が旺盛などのメリットがある。

基本的な管理は緑枝のばあいと同様であるが、穂木が乾燥していると著しく活着が劣る。健全な状態で接ぎ木適期の五月まで保存することができれば、緑枝よりも優良苗の生産が可能である。

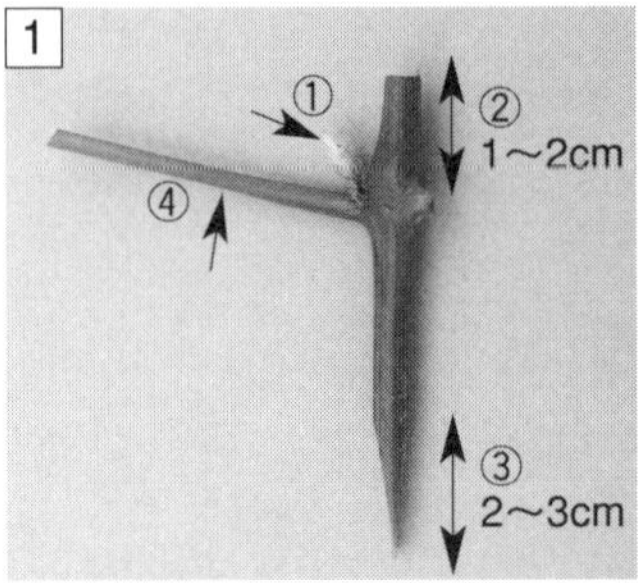

① **穂木の調製**
①穂木としては副梢の活動が始まっていて，第1葉が開く直前くらいの節（芽）がよい。
②芽の上は1〜2cm残す。
③穂基部の2〜3cmをくさび形に削る。
④葉柄は残したままにする。1〜2cmに短く切ってもよい。

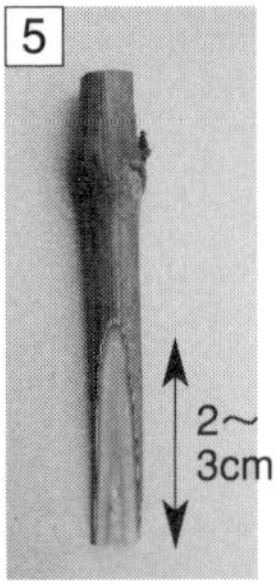

⑤ **休眠枝の穂木の調製**

② **台木の調製**
①新梢の中央に縦に切り込みを入れる。下位の節にかかるくらいに2〜3cmの長さで入れる。
②カミソリやカッターナイフのように薄い刃のほうがやりやすい。

③ **穂木の挿入**
①穂木と台木はできるだけ同じ太さのものを用いる。
②切り込みの一番下までしっかりさし込む。ここに隙間があかないよう注意。

⑥ **休眠枝の穂木の挿入**
形成層（矢印）をしっかり合わせる。

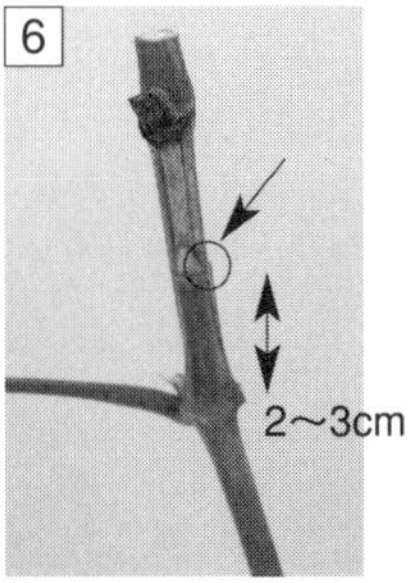

④ **接ぎ木テープ（パラフィルム）による固定**
①動き出した副梢を残して，接ぎ木部位，穂木全体をパラフィルムで巻いて固定する。とくに穂木先端と接ぎ木部はしっかり巻く。
②パラフィルムはやや力を入れて伸ばしながら使用する。
③穂木として使用する数日前に新梢先端を摘心しておくと，副梢が動き出し利用しやすい。

写真2 緑枝接ぎの作業
①〜④が緑枝，⑤と⑥は休眠枝のばあい

3　接ぎ木後のケア

伸び出した穂木の新梢は随時誘引し、強風などで折れないようにする。また台木品種から発生する副梢は必ずかき取る。この作業を怠ると、活着率や穂木の伸長量が劣る（図3）。

八月中旬以降も伸長しているばあいは新梢先端を摘心し、枝の充実を図る。

以上、緑枝接ぎについて見てきたが主要なポイントは、

①やや硬めの穂木を柔らかめの台木部分に接ぐ、

②活着後も、台木から発生する副梢をこまめにかき取る、

ことである。

（泉　克明）

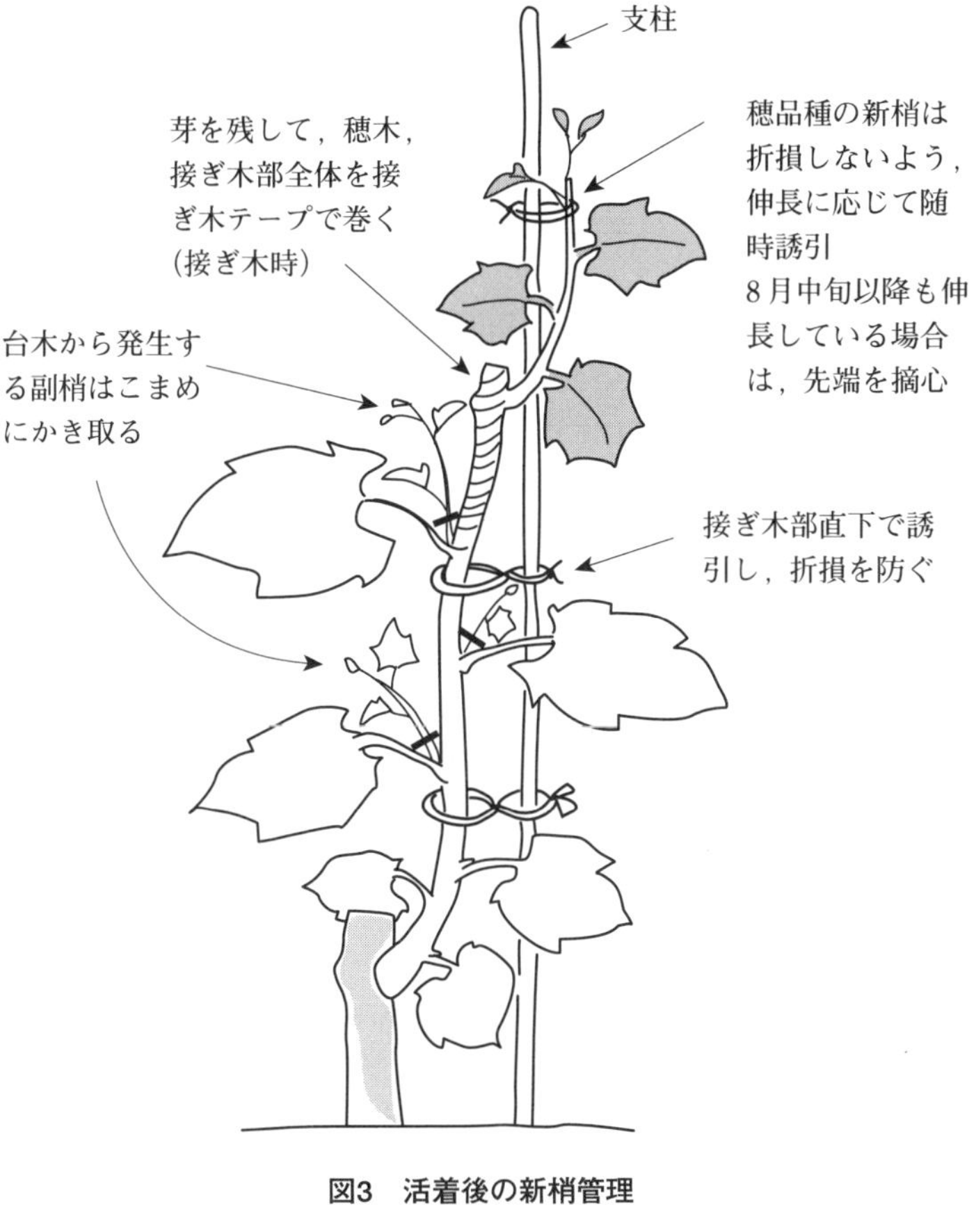
支柱
芽を残して，穂木，接ぎ木部全体を接ぎ木テープで巻く（接ぎ木時）
穂品種の新梢は折損しないよう，伸長に応じて随時誘引
8月中旬以降も伸長している場合は，先端を摘心
台木から発生する副梢はこまめにかき取る
接ぎ木部直下で誘引し，折損を防ぐ

図3　活着後の新梢管理

クリ

クリの繁殖は、野生のシバグリなどを台木に、接ぎ木が行なわれてきたが、クリタマバチの被害や雑木林の減少でシバグリの入手が難しくなり、最近は栽培品種の実生が台木に利用されている。中国クリの実生とは不親和性が問題となる。

1 実生による台木づくり

(1) 種子のくん蒸と貯蔵

種子は乾燥すると発芽力が落ちる。収穫後にクリシギゾウムシ対策としてくん蒸処理をしたあと、オガクズ、ピートモス、バーミキュライトなどの混合用土を用いて湿潤低温貯蔵（Ⅱ章、46頁）する。貯蔵中の乾燥を防ぐには、ポリエチレン袋に入れて適湿を保つ。

(2) 播種

露地では地温が一二℃ほどになった頃に播種する。湿潤低温貯蔵した種子は、新根が一cmほど伸びた頃に直根を切り取る。直根を切り取った実生台木に接ぎ木した樹は、直根のある実生台木に接ぎ木した樹よりわい性傾向を示す。

種子は三cmほど覆土して敷きワラなどで乾燥を防ぐと、発芽が揃う。発芽後は雑草防止に努め、生育中に数回に分けて施肥を行なう。このように育てた実生台木に、翌年接ぎ木することができる。

2 接ぎ木の実際

(1) 穂木の採取と貯蔵

クリの接ぎ木の活着には、接ぎ木時期、接ぎ穂の質、貯蔵条件などがが大きく関係する。接ぎ穂には、芽の充実した徒長しすぎていない一年生枝を用いる。穂木の採取適期は、発芽前の樹液流動の始まる前である。穂木は厚めのポリ袋に密封して乾燥を防ぎながら一～四℃の低温で貯蔵する。

(2) 接ぎ木の時期と方法

クリは凍害、胴枯れ病、えき病などの被害を回避するため、台木の地上部五〇～七〇cmの高い位置で接ぎ木する。

早春、台木の発芽する前に切り接ぎする方法もあるが、一般には台木の樹液流動が盛んになって皮がはげやすくなる四月下旬~五月頃に、貯蔵しておいた接ぎ穂を剥ぎ接ぎ法で接ぎ木する。また、新梢の芽が充実する九月中下旬は、芽接ぎの適期となる。この時期も台木の樹液流動が盛んなため、皮がはぎやすい。

（3）剥ぎ接ぎ（腹接ぎ）の作業

台木は接ぎ木する高さで切り、接ぎ穂は二~三芽が着いた状態に切って用いる。接ぎ穂の基部は、芽の下端部二~三cmを斜めに切り、その反対面は五cmほど斜めに削る。クリなどのブナ科植物の枝の横断面は、木質部に四~五条の凹溝（篩部維管束組織）があり、接ぎ木では、この部位が穂木と台木の接合面になると形成層が密着しにくい。そこで、台木の凹面を避けて、接ぎ穂の太さに合わせて切り出しナイフで皮に二本の切れ込みを入れる（図1）。その部位の皮をはいで接ぎ穂を挿し込み、形成層を密着させてビニール製やパラフィルムなど接ぎ木テープなどを巻いて接ぎ穂を固定する。接ぎ木部は、切り口からの乾燥を防ぐため

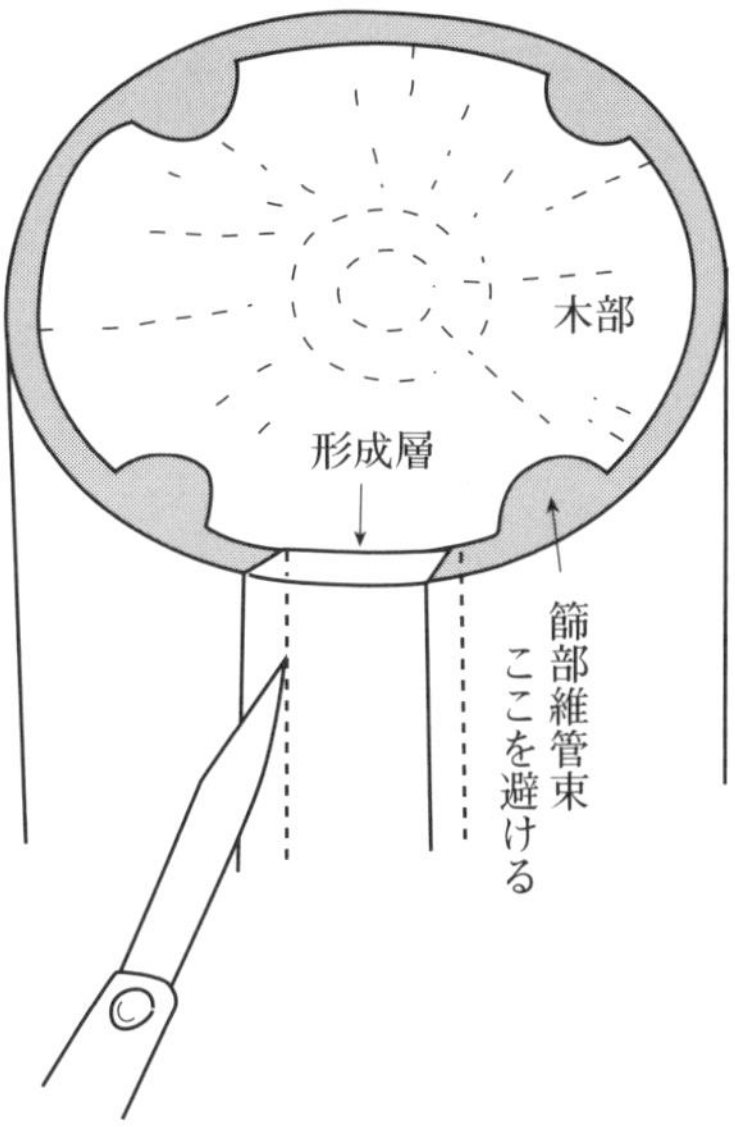

図1　クリの剥ぎ接ぎ（腹接ぎ）における台木の形成層の出し方
（Huangにより改変）

写真1　実生台木の地上部60cmほどの高さに接ぎ木して育った1年生苗木
（(独) 果樹研究所 澤村豊撮影）

に接ぎ木用袋（ポリ袋）をかぶせる。

3 接ぎ木後のケア

接ぎ穂から伸びる新梢が袋内でいっぱいになったら、袋の先端に穴を開けて外気に数日ならしてから、曇天の日を選んで袋をはずす。その後、新梢が一〇cmほどに伸びたら、二～三本発生している新梢から生育のよい一本を選んで他を切り取り、残した新梢を細竹などの支柱を添えて強風などで折れないように固定する。台木から発生する新梢（台芽）は数回に分けて切り取る。接ぎ木のビニールテープは、接ぎ木部の強度を保つため翌春まではずさずにおくが、テープが食い込まないように注意する。

（小池洋男）

クルミ

クルミは接ぎ木が難しいため、かつては実生繁殖が行なわれてきた。接ぎ木繁殖では、簡易電熱温床に台木を植えて生育を促進しながら休眠枝を接ぎ木する方法で、一〇〇％近い活着率が得られるようになっている。温度を高めることによって接ぎ木部でのカルス形成を促す切り接ぎ法である。

1 実生による台木づくり

（1）台木の種類

台木には一年生の実生台木を用いる。テウチグルミ、オニグルミ、ヒメグルミ、シナノグルミの実生が使用できるが、最近は野生種のオニグルミやヒメグルミの実生が主に利用される。

（2）種子の準備と播種

種子は、外皮を取って水に浮くものを除いて陰干しして貯蔵する。貯蔵は、湿らせたピートモスなどと混ぜてポリ袋などに密封して一～五℃の冷蔵庫に入れる湿潤低温貯蔵（Ⅱ章、46頁）がよい。クルミは六〇～八〇日間の湿潤低温処理で休眠が打破されて播種後の発芽が揃う。

春（三月下旬～四月）、種子から幼根が発生する直前に播種する。

種子は図1に示すように、種子の縫《ほう》合《ごう》線に沿って上に幼芽、下に幼根が発生するため、縫合線が地表から上下位置になるように置き、五cmほどの厚さに土をかぶせる。クルミは旺盛に生育するため二〇㎝ほどの間隔で播種する。種子の発芽にはオニグルミで六〇日、ヒメグルミで四五日ほどを要する。

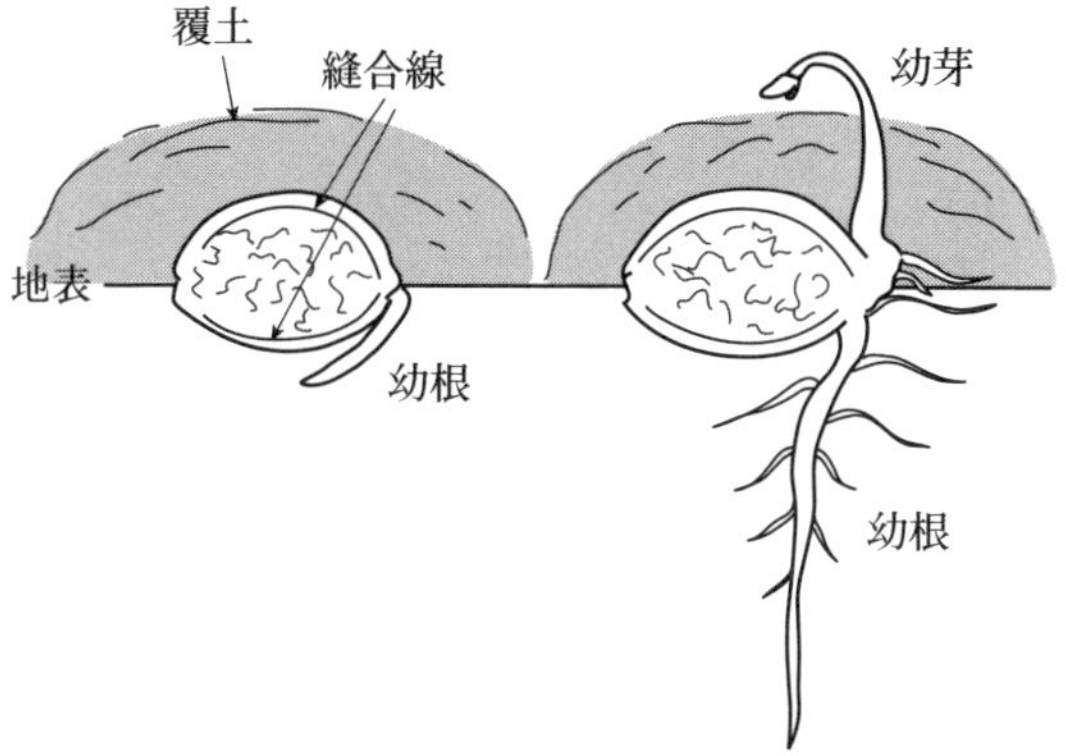

図1　クルミの種子の発芽・発根と播き方

2 接ぎ木の実際

(1) 穂木の採取

接ぎ木の穂木には、基部の太さが8～一〇㎜、長さ三〇～五〇㎝、節間が短めで髄が小さめ（基部を切ってみて判断する）の一年生枝が適する。穂木は二月頃採取してポリ袋などに密封して冷蔵庫（一～五℃）で保管する。

(2) 接ぎ木作業

一年生の実生を台木に用いる。接ぎ木には、台木が発芽して旺盛に生育している時期がよく、四月下旬から五月上旬の気温が一五℃前後に上昇する頃が適する。この頃になると台木の樹液流動が盛んになり、切り口からのカルス形成がよくなる。しかし、露地での接ぎ木による活着率は四〇～五〇％が限度である。

接ぎ穂の太さが他の果樹より太いクルミでは、接ぎ穂の太さに匹敵する太さの台木を用いることが活着率を高めるコツになる。そこで、細い台木の利用を避けて、地上五㎝ほどの位置の径が一〇㎜以上ある台木を用いる。穂木は、髄が小さく木質部のある部位を用い、二～三芽付けて七～一〇㎝に切って用いる。

切り接ぎ法で台木と穂木の形成層を密着させ、接ぎ木用テープで巻いて結束する。このとき、切り口からの乾燥を防ぐために接ぎロウなどの塗布剤を塗ることも大切である。接ぎ木後は接ぎ木用のポリ袋をかけて乾燥を防ぐ。

（3）簡易電熱温床の利用

加温ビニールハウスや温室内の簡易電熱温床を用いた接ぎ木では、実生台木を落葉後の晩秋に掘り上げて仮植えしておく。その後の低温遭遇によって休眠が打破される頃（十二月下旬以降）温床に植えて、三月になって芽が動き始めた頃（新根の発生前）に接ぎ木を行なう。接ぎ穂には、二月下旬に採取してポリ袋などに密封して貯蔵した一年生枝を用いる。

3 接ぎ木後のケア

接ぎ穂から伸びる新梢が袋内でいっぱいになったら、袋の先端に穴を開けて外気に馴らす。その他、クリなどの管理に準じる。

（小池洋男）

写真1　高馬式簡易電熱温床利用によるシナノグルミの接ぎ木

（原図・説明，信州大学・矢嶋征雄）

台木にオニグルミまたはヒメグルミの1年生実生苗を用い，床温（台木の根の位置）約20℃弱にして地上部をビニールでおおって管理する。翌3月上旬，頂芽の萌芽直後，表皮と木部が容易に離れる状態となり，かつ新根が発生する前に接ぎ木する

写真2　袋接ぎのばあいの活着状態（4月中旬）

（原図・説明，信州大学・矢嶋征雄）

写真１のような状態で，表皮と木部との間に穂木をさし木する方法を袋接ぎという

カキ

1　実生による台木づくり

(1) 共台とマメガキ台

カキの台木は、栽培品種の種子を播種・育成して得られた実生が台木（共台）として一般に用いられている。カキは強い直根性で、細根は少ないが、耐干、耐湿性が強く、いずれの品種とも接ぎ木親和性がある。

また、関東以北の寒冷地に多く分布、自生しているマメガキの実生は、共台に比べ発芽が良好で、実生の生育、接ぎ木後の穂木の生育ともに旺盛である。また、根群は浅いが細根が多いなどの特徴がある。共台に比べ耐寒性は強いが、耐干・耐湿性は弱い。マメガキ台は、穂木品種によって接ぎ木親和性に強弱があり、「富有」「正月」「横野」「田倉」などの品種とは不親和で、生育不良となる。

(2) 種子の準備と播種

いずれの種子も成熟した果実から採取し、よく水洗いした後、適湿にしたオガクズや川砂に入れ、冷暗所で翌春まで貯蔵する（湿潤低温貯蔵、Ⅱ章46頁参照）。種子の休眠覚醒のための低温処理は五～一〇℃の範囲で、最適温は一〇℃と他の樹種に比べ高い。播種予定日の一五～二〇日前に貯蔵した種子を取り出して、十分吸水させ、三月中下旬に播種する。

少量の台木養成では、成熟した果実から採種後ただちに播種する方法でもよい。このばあい、休眠覚醒のための低温処理は自然状態で行なわれることになる。

養成した実生は初冬期に掘り取り、生育のよいものを台木として利用し、一五～二〇cm間隔に定植しておく。

2　接ぎ木の実際

(1) 穂木の準備

穂木は、前年に結実した果枝、および徒長枝は利用せず、日当たりのよい三〇cm前後の充実した結果母枝（一年生枝、当年この花芽から伸びる新梢上に開花・結実する）を用いる。二月中には採取し、乾燥しないようビニール袋に密封し、冷蔵庫で保存しておく。

図1のとおり、結果母枝の先端三芽程度は花芽で、基部の葉芽は充実が悪いため中間の充実した葉芽を利用する。

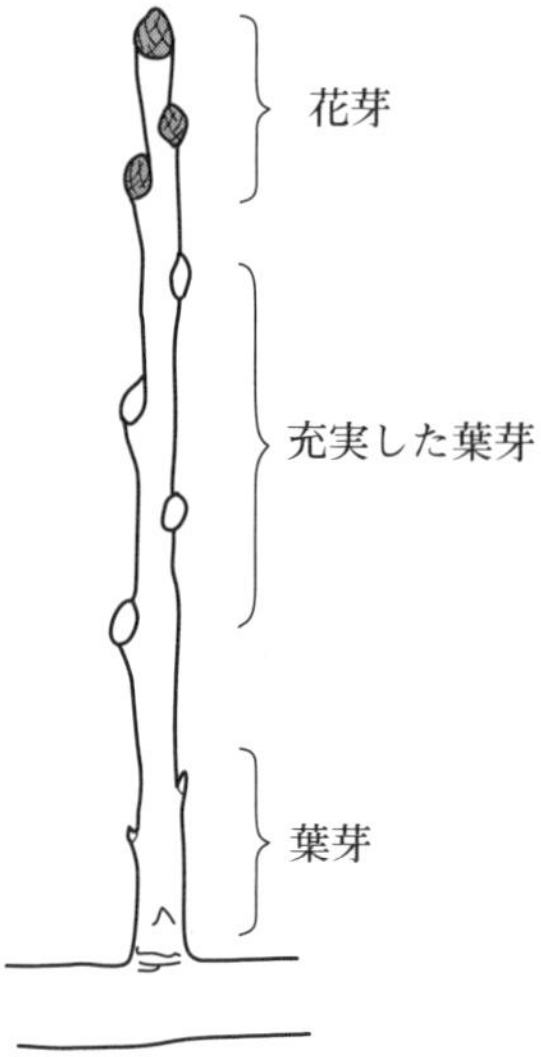

図1　結果母枝の芽の着き方

（2）接ぎ木作業

カキは切り接ぎによる繁殖が良好で、台木が活動を始める催芽期頃（長野では四月上旬）、台木の地上部二〇cm程度の位置に接ぎ木する。台木の太さは接ぎ木位置で鉛筆くらいのものから親指大の太さのものがよい。

接ぎ木の要領はリンゴ（56～67頁）などと同様で、接ぎ穂は一～二芽に調製し、台木と穂木の形成層を片側だけでもしっかり合わせること、接ぎ木部位をしっかり接ぎ木テープでしばること、穂木の上部の切り口には癒合（ペースト）剤を塗布し、乾燥しないようにすることが大切である。なお、樹液が切り口面で乾燥しないうちに迅速に穂木と台木の形成層を合わせるのが、カキの接ぎ木のポイントである。

（3）高接ぎ更新

既存品種の更新法として、リンゴなどと同様に高接ぎ更新（67頁参照、写真1）ができる。接ぎ木の要領は切り接ぎ、割接ぎ、皮下接ぎのいずれでもよいが、割接ぎが接ぎ木部位の固定が容易で伸長後の折損も少ない。

太い枝などへの更新を一気に行なうと、台木が太すぎて接ぎ木しにくいばあいが多く、たとえ接ぎ木が成功しても、接ぎ穂が旺盛に伸びすぎて花芽の着生が遅くなる。太枝から出た親指大の太さの枝に何ヵ所も接ぎ木すると、活着率が向上するとともに、早期の花芽着生が期待できる。隣接する枝が強

写真1　カキの高接ぎ更新

側枝一挙更新の様子。側枝基部の肥大した部分が接ぎ木位置

く、あまり生長が期待できないような枝に接ぎ木しても、接ぎ穂の伸長が悪くなるので注意する。

3　接ぎ木後のケア

接ぎ木後活着すると、接ぎ穂のそれぞれの芽から新梢が伸び始めるので、方向や伸びのよい一本の芽を残して芽かきを行なう。台木からも新梢が発生するので、徐々に芽かきをする。旺盛に新梢が伸びるとカキの葉は大きいこともあり、風で接ぎ木部位から折れやすいので、新梢の折損を防止しまっすぐ伸びるように支柱を添える。

高接ぎ樹ではとくに旺盛に伸びるので、添え竹で穂木からの新梢を固定し、折損防止に努める。

（臼田　彰）

イチジク

イチジクの繁殖法にはさし木、接ぎ木、取り木などがあるが、通常はさし木によって苗木を育成する。さし木は活着率が良好で、きわめて容易である。

1　さし木による苗づくり

(1)　さし穂の採取と貯蔵

さし穂の採取は、二月以降三月上旬に行なったほうが貯蔵が長期間にならず、ロスが少なくてよい。

さし穂を採取する枝は、過去に株枯れ病などの発生歴のない園で、充実した一年生枝を採る。採取したさし穂は束ね、排水がよく温度変化の少ない日陰の土中に貯蔵するか（図1）、ビニール袋などに包み、〇～五℃程度で冷蔵する。冷蔵の際は、過湿によるカビや乾燥による枯死を防止するため、包装内部を適湿に保つ。

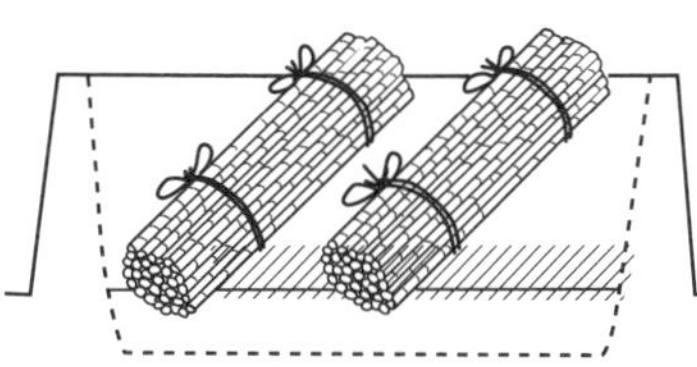

枝の上部が少し土中から出るように埋める
掘った穴には水がたまらないように

図1　さし穂用1年生枝の貯蔵

(2)　さし木の時期とさし穂の調製

イチジクは落葉果樹の中でもっとも

寒さに弱い。さし木を行なう時期は、暖地では二月下旬～三月上旬であるが、凍害の危険性のある寒地では遅らせて三月中下旬とする。暖地でも内陸部など昼夜の温度差の大きい地域では、遅めにするほうが凍害に対して安全である。

さし穂の調製は、枝の充実のよい部分を長さ二〇cm程度に切る（二、三節分）。上部は節の上約二～三cmの節間で水平に切り、下部は節の直下で切り両サイドを少し削る（写真1）。土中にさし込む部位の芽は、ヒコバエとならないよう削り落とす。

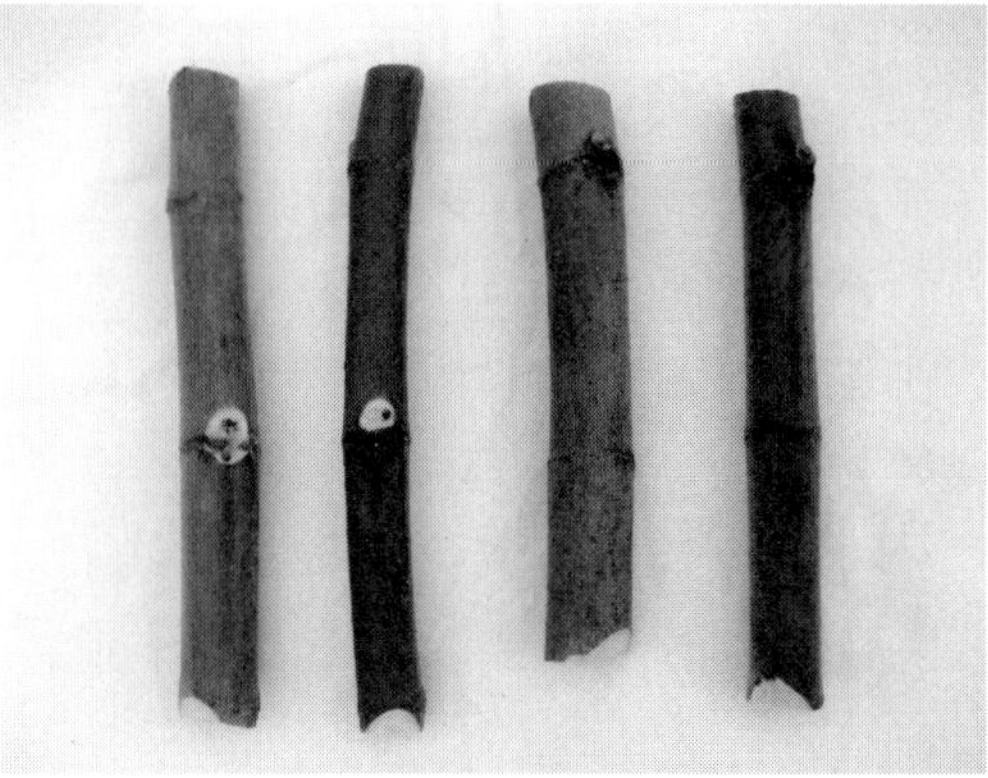
写真1　イチジクのさし穂

（3）さし木床の準備

さし木する場所は、ある程度肥沃で排水がよく、水もやれる畑を選ぶ。イチジクの跡地はいや地やセンチュウの被害が出やすいので避ける。とくにイチジクはセンチュウに弱く、前作がサツマイモやトマトなどセンチュウが寄生する作物であるばあいも避ける。また、粗大有機物の多い畑は白紋羽病に注意する。

耕起後、幅一m、高さ二〇cm程度の畦立てを行ない、さし木床とする。やせ地のほ場では、あらかじめ完熟堆肥をすき込んでおく。

（4）さし木の作業

さし木は、さし木床に二条または三条で約三〇cm間隔で行なう（図2）。さし方は、芽を上に向け、先端の芽が地際から少しだけ出るようにして斜めざしにする。また、乾燥防止のためにさし穂の最上部の切り口には木工用ボンドを塗布する。さし穂が短いばあいや乾燥地では垂直に近いさし方とする。寒地ではさし木時にさし穂全体を地下部に埋めてもよい。発芽はやや遅れるが、凍害による枯死は軽減できる。

さし木後は、さした周りを軽く踏み固めておく。さし木床に黒のポリマルチをして乾燥と雑草の発生を防ぐのもよい。

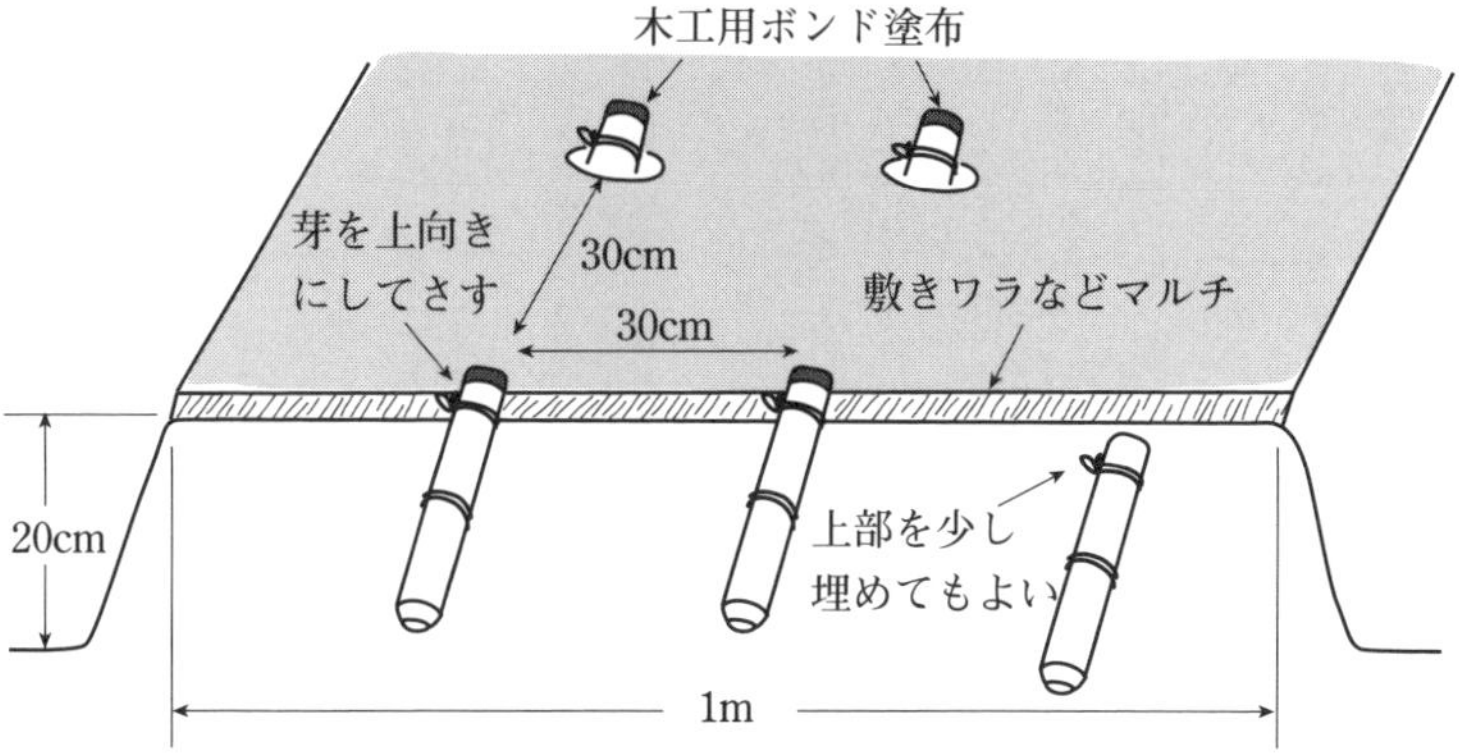

図2　さし木の方法

写真2　さし木後2ヵ月目の活着の様子

（5）さし木後の管理

発芽、展葉直後はとくに乾燥に弱いので、さし木後は敷きワラやかん水をして土壌の乾燥を防ぐ。また、冷え込みが予想されるときは、地上に出ている部位を防寒する。

発芽後は芽かきして一本の新梢を残し、まっすぐ伸ばす（写真2）。新梢の腋芽から発生した副梢は、過繁茂となるため除去するが、基部から取り除くと翌年の芽がなくなるので、一節残して除去する。また、生育に応じ六月頃追肥を行なうが、チッソが遅効きして新梢が遅伸びすると充実が悪く、凍害に弱くなる。

最終的には長さ一m以上、基部の直径が二cm以上で副梢の発生が少ない、充実した苗を目標にする。苗は三月上旬に掘り取り、定植する。

2　接ぎ木による苗づくり

接ぎ木はふつうあまり行なわれないが、樹勢の強化策（いや地対策）として、桝井ドーフィンの台木に、ジディやホワイトゼノアなど樹勢の強い品種を使用している例がある。

接ぎ木時期は、萌芽期の三月下旬～四月上旬とし、切り接ぎ、割り接ぎ、袋接ぎで行なう。穂木は、さし木と同じ方法で保存しておいた枝を二芽（長さ約一〇cm）程度に切って使う。具体的な方法は他の樹種と同じであるが、イチジクの枝は材が粗く、太い髄があるので、乾燥しやすい。接ぎロウや木工用ボンドを塗布するか、パラフィルム（パラフィンワックス製の接ぎ木テープ）などを巻いて乾燥を防止する。

（真野隆司）

キウイフルーツ

キウイフルーツの繁殖は一般的に接ぎ木によって行なわれる。種を播いて育てた実生の台木に、ヘイワード（雌品種）やトムリ（雄品種）の穂木を冬に接ぎ木する方法が一般的である。ただこのばあい、実生台木に個体差が生じやすいことから、樹勢の強い品種をさし木して殖やし、これを台木として経済栽培品種を高接ぎする方法もある。

1 実生による台木づくり

秋に収穫したキウイフルーツの果実を追熟させ、十分柔らかくなった果実をつぶし、種を取り出す。果肉と種の分離には、ガーゼや茶こしなどを使うと便利である。取り出した種は十分湿らせたティッシュなどにくるみ、冷蔵庫でポリ袋にいれ保湿しながら低温にあてる（湿潤低温貯蔵、Ⅱ章46頁参照）。

三月下旬、シャーレなどに十分に湿らせたろ紙を置き、その上に種子を播き、種が軽く浸るくらいの水分を補給し、室温で発芽させる。西南暖地では四月中旬に（寒い地域では、霜が降りなくなった時期に）発芽してきた幼苗を、腐葉土などを入れた小さなポリポットに植え込む。その後生育に応じて本ぽへ定植し、実生を大きく生育させる。

この実生を台木にして、穂品種を接ぎ木して苗をつくるが、穂木と台木の太さが同じ程度のものを利用すると接ぎ木が容易である。細い台木に太い穂木を接ぐのは大変作業がしにくいので、台木の生育が不十分なときはもう一年養成して使うことも考える。

2 接ぎ木の実際

（1）穂木の準備と接ぎ木

穂木の採取は、せん定時に休眠中の充実した一年生枝を収集し、これを一芽ずつに切り、加熱したパラフィンでコーティングし冷蔵しておく。量が少ないばあいは、パラフィルム（メデールテープなど）で巻いておく方法でもよい。

（2）接ぎ木作業

台木を掘り上げて接ぎ木を行なう揚げ接ぎのばあい、落葉時期の冬ならいつでもよい。台木を掘り上げず、ほ場の台木に直接接ぎ木する居接ぎのばあいは、樹液の流れが完全に停止する厳寒期の一月下旬から二月中旬が適期である。高接ぎなど切り口が大きくなるばあいは、とくに接ぎ木の時期が遅れると切り口からの樹液流出が止まらず、樹勢が低下する懸念がある。

接ぎ木の方法は、主に切り接ぎ、腹接ぎで、ほかの果樹同様に行なう。

写真1　接ぎ木後，発芽を始めた状況

（3）受粉用の雄の枝の高接ぎ

キウイフルーツの樹には雄雌があり、雄樹には果実が成らない。一方、雌樹には花粉がないので、必ず受粉が必要である。しかし、雄樹は樹勢が強く、旺盛に伸びジャングルのようになってしまうこともある。そこで、狭い

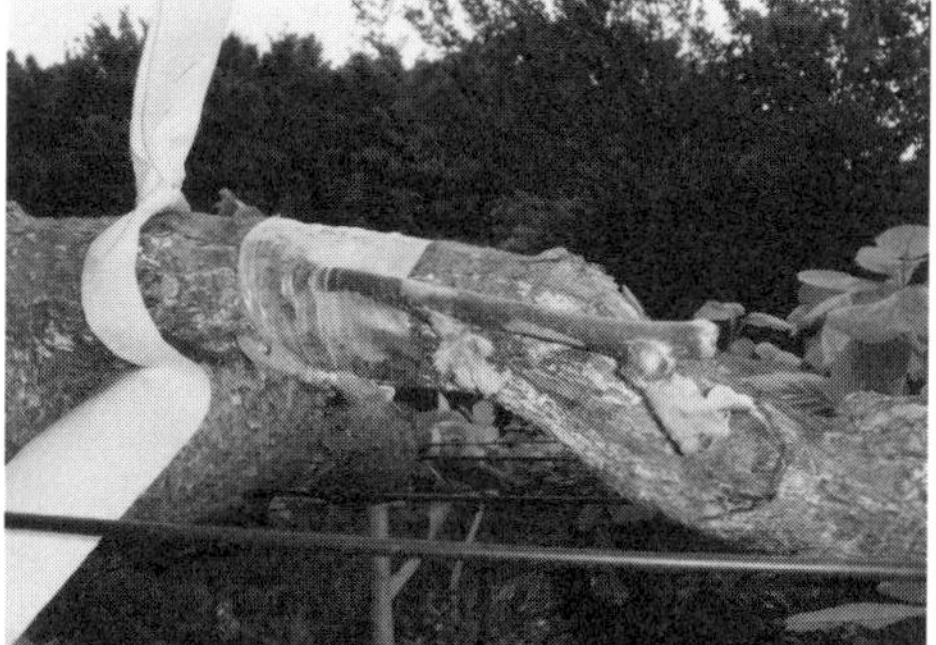

写真2　枝の太い部位に別品種を高接ぎした例
芽を下向きに接ぐと，その後の新梢の誘引が容易

場所でキウイフルーツを成らせるために雌樹の一部に雄の枝を高接ぎする方法が有効である（写真2）。高接ぎ後、雄の枝は摘心を繰り返して、大きく伸びすぎないよう管理する。

3 接ぎ木後のケア

接ぎ木後、よくおこる失敗は、台木の新梢（台芽）が旺盛に伸び、穂木の新梢の伸びが阻害されることである。写真3のように、台木から発生する芽は大きくならないうちにていねいにかき取ることが重要である。

またキウイフルーツはつる性で、枝は旺盛に伸びるので、支柱が必要である。支柱に誘引したり、ブドウのように棚に誘引したりする。四月下旬～五月中旬には枝が長くなり、風の影響でかけ落ちやすくなるので、早めに支柱に誘引してやる。

写真3　発生した台芽（矢印）は，このときにかき取る

4 さし木による苗づくり

キウイフルーツのさし木は緑枝ざしと熟枝ざしが可能である。緑枝ざしは、当年に伸びた新梢を六～八月に切り取り、先端の柔らかい部分を避け、基部の充実した部分を二芽に調製し、バーミキュライトにさし木する。さし木後は、寒冷紗でおおい、ミスト散布（水を霧状にして定期的に散布して湿度を維持する方法）で乾燥を防止し、発根を待つ。

高橋らは、噴霧のタイミングを日中一〇～一五分間隔、夜間二～三時間間隔に設定したミストハウスで、二節に調製したさし穂（葉身を三分の二程度に切りつめ）を用い、さまざまなキウイでさし木試験をしたところ、「六、七、八月に高い発根率がえられたが、九月には発根率が低下した」（園芸学会雑誌七四、別冊一、二〇〇五「ポスター、果樹」）としている。キウイのさし木はミスト装置で、湿度を保つことが重要かと考えられる。このような装置がないばあいは、以上で見たような接ぎ木による増殖が簡単である。

（末澤克彦）

ビワ

1 実生による台木づくり

ビワの台木には栽培品種の実生（共台）が用いられる。接ぎ木に適した大きさに達していれば、どの品種でも不都合なく使える。通常三～四年生の実生を用いるが、毎年少量ずつでも播種しておくと、台木が常時確保できる。

種子は成熟果実から取り出し、ヌメリを洗い落としてただちに播種する。前もって用意しておいた苗床あるいはポットに、深さ三cm、一五～二〇cmの間隔で一粒ずつ播種する。苗床はワラ、モミガラなどで被覆して表土の乾燥を防ぐ。六月上旬までに播種すると一ヵ月後の梅雨明け前に発芽するが、播種が遅れると夏季の高温・乾燥により、秋以降に発芽がずれ込み、実生の生育が大幅に遅れることになる。早めの播種を心がける。

発芽間もない実生は雨水を介した伝染で落葉病にかかりやすく、はなはだしいと全滅する危険性もある。播種から少なくとも一年間は雨除け栽培すると、歩留まりよく健全な実生が得られる。適宜かん水して三～四年養成すると、実生の幹径は一・五cm前後に肥大し、接ぎ木に適した台木が完成する。こうすると、直播きのままでも台木を養成できる。

2 接ぎ木の実際

（1）時期と方法

ビワの接ぎ木は切り接ぎ法が一般的である。切り接ぎの適期は二月下旬～三月中旬で、芽が動き始める時期である。四月以降になると台木の切り口から樹液が溢出して活着率が低下する。

ビワの切り接ぎ法では居接ぎ法と揚げ接ぎ法の両方が用いられる。台木がほ場に植わっている状態で接ぐ居接ぎ法は、術後の生育がよいことから広く用いられている。揚げ接ぎ法は台木を掘り上げて接ぎ木することから、居接ぎ法より生育は劣るものの、そのぶん、枝が密に発生し、コンパクトな苗が得られる利点がある。

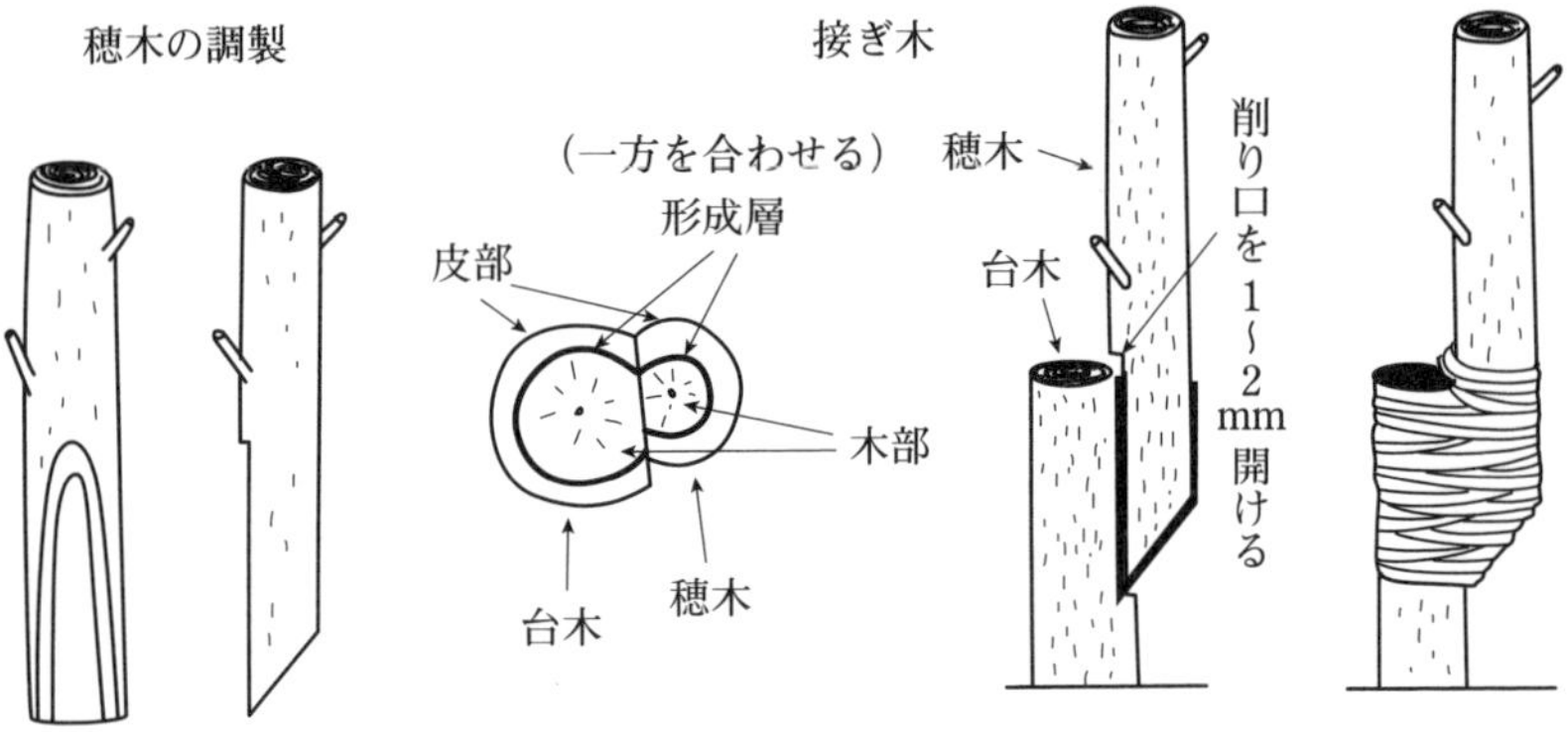

図1　切り接ぎの方法（中井原図）

（2）穂木の調製

接ぎ木に用いる穂木は、前年の春枝で充実した副梢を用いる。穂木は接ぎ木作業当日に採取したものでよい。

葉を葉柄の部分で切り落とし、葉の付け根の腋芽を二～三芽付けて長さ七～八cmに切り揃える。接ぎ木直前に、穂木の基部から三～四cmを木質部に沿って樹皮を削ぎ、その反対側の基部も四五度の角度で切り落とし、くさび状に調製する（図1）。

台木には、三～四年生の実生で、幹の直径が一・五cm以上のものが適する。さらに樹齢が進んで幹が太いものほど活着後の生育はよいが、太すぎると株自体が大きくなって移植が難しくなる。

（3）接ぎ木作業

台木を地際から約一〇cmの高さで切断し、次いで切断面から形成層に沿って垂直に三cmほど下方に切り込みを入れ、ここに先に調製した穂木を、互いの形成層を合わせてさし込む。

接ぎ木部分が乾燥しないように接ぎ木テープをていねいに巻いて固定する。

ビワは木質部が硬いので、よく研いだナイフで手早く作業を行なうことが活着率を高めるポイントとなる。

3 接ぎ木後のケア

居接ぎした苗はそのまま養成するが、揚げ接ぎしたばあいには、高さ二〇cmの畦を立て、株間三〇cmで接ぎ木苗を仮植する。根が土となじむように十分にかん水し、以後、乾燥防止と雑草防除のためにポリマルチまたは敷きワラをし、適宜にかん水する。

活着すれば約一ヵ月で発芽する。穂木から新梢が五～六cmに伸びたら、大きいものを一本残して他を摘除する。また、台木から発生する新梢（台芽）は見つけ次第かき取る。接ぎ木部分の癒合を確認してから、秋頃に接ぎ木テープを取り除く。翌春には定植用の苗が完成する。

写真１　切り接ぎ直後のポット苗

4 均一な大苗をつくるポット育苗

均一な良苗を歩留まりよく生産し、定植時の植え傷みを防止するために開発された方法である。直径二〇cm、深さ二五cm程度のポットに、バーク堆肥などの土壌改良材を混ぜた用土を入れ、ここに播種あるいは小苗を植え付け、雨除け栽培により三～四年間養成する。

台木の直径が一・五cm以上になったところで居接ぎをする（写真１）。活着すれば一年後に苗木が完成する。また、接ぎ木直後から三～四週間ポリエチレン袋で被覆すると発芽が早まり、活着率も向上する（写真２）。

写真２　接ぎ木部分をポリエチレン袋で被覆する

（八幡茂木）

ブルーベリー・木イチゴ・スグリ類

ブルーベリーでは簡易に大量生産できるさし木法が、木イチゴ類・スグリ類では株分け、取り木、根ざし法が主に用いられる。

1 ブルーベリー

(1) 休眠枝ざしによる苗木づくり

北部ハイブッシュ種の主な繁殖法は休眠枝ざしであるが、緑枝ざしによる繁殖も可能である。主産地のアメリカでは、ラビットアイ種の繁殖に緑枝ざしが用いられているが、休眠枝ざしでも高い発根率が得られている。

穂木の採取と貯蔵

休眠枝ざしでは、穂木を貯蔵して用いることもできるが、早春（発芽前）に採取してただちにさし木することもできる。

ブルーベリーは種類によって休眠打破に必要な低温要求量が異なるため、温室などで早期にさし木をするときは、穂木の採取とさし木時期に注意が必要である。一般には、冬に採取した穂木をポリ袋などで密封して一～五℃の冷蔵庫で貯蔵すれば、春のさし木時期までに休眠が打破される。

穂木の調製

さし穂には先端の充実した一年生枝を用い、割り箸よりやや細い程度が適する。さし穂は、花芽の着いた先端部を切り落とし、一二～一五cmの長さに切る（Ⅱ章の写真2、4参照）。穂木の芽の上下の葉跡と呼ばれる部位に分裂組織の柔細胞があって、根源基が形成されやすいので、基部は芽の下部で切る。鋭い切り出しナイフを用いて、基部から一～二cmの長さを薄く斜めに切り返すことでカルス形成を促す。このとき、芽を切り落とさないように注意する。

さし木作業

酸性と通気性を好むブルーベリーのさし木では、pHが四・五～五・五の用土が適する。一般には、ピートモスと鹿沼土の混合用土を用い、混合割合はピートモスが五〇～七〇%、鹿沼土が五〇～三〇%ほどにする。ピートモスだけの用土は加湿になりやすい。病気の発生を防ぐため、新しい用土を用いる。

さし木には、幅が三〇～五〇cm、深

さが一二〜一五cmほどのプラスチック製さし木箱を用いると便利である（写真1）。ブルーベリーの休眠枝ざしでは、発根促進剤の効果が得られにくい傾向がある。さし穂の発芽前に、貯蔵した穂木は病害などの症状のあるものを除き、バケツに入れて一時間ほど吸水させてからさし木する。

　さし木間隔を五cm×七cm程度とし、さし穂は、全体の三分の二をさし込んで一〜二芽を地上に出し、さし木直後にたっぷりかん水して用土と密着させる。さし木箱は、陽のあたる場所に置き、底部からの排水をよくしたうえで、定期的にかん水や散水をして乾燥を防止する。

発芽と発根と管理

　さし穂からは二〜三芽が発芽し、その新梢は五〜一〇cmで伸長を停止する。やがて、地下ではさし木基部に根源基がつくられるようになり、さし木して六〇〜八〇日目から発根が始まる。発根が始まったらかん水をひかえめにする。発根が始まると、伸長停止していた新梢の先端から新芽がふたたび伸び始める。さし木箱の中で六〇％以上のさし穂から新芽が発生してきたら、ほとんどのさし穂が発根していると判断できる（写真2）。

写真1　ブルーベリーの休眠枝ざし（箱ざし）苗の生長

写真2　ブルーベリーのさし木の発根

発根後は通気をよくして緩効性肥料や液肥などを与えると生育が促進される。根毛をもたない繊維根と呼ばれるブルーベリーの根は、肥料濃度にきわめて敏感である。そこで、市販の液肥や硫安を溶かして〇・二％程度の濃度で、一箱に一〇〇～二〇〇ccほど散布すると効果的であるが、濃度を間違うと全滅の危険がある。簡易で安全な施肥法として、緩効性固形肥料（チッソ、リン酸、カリともに五～一〇％）を、一箱に十数粒ばらまく。

鉢上げ

鉢上げは、さし木後七〇～八〇日を目安に発根状態を確認してから始める。さし木箱のまま越冬させて、翌春の発芽前に鉢上げしてもよい。発根した苗木は、ピートモスと鹿沼土を七対三程度に混合した用土を用いて、一〇・五～一二cmのポリポットなどに鉢上げし、苗木に育てる。肥料は、さし木床に用いるのと同じ緩効性固形肥料を用いる。

(2) 緑枝ざしによる繁殖

穂木の採種

緑枝ざしは、休眠枝ざしに比べて短期間で発根する。夏の蒸散の多い時期に葉を付けたままでさし木するため、ミスト装置を用いた施設内、あるいは遮光条件下での密閉ざし法などが適する。

六月下旬～七月上旬の新梢の一次伸長停止期に、先端が硬くなった枝からさし穂を採取する。さし穂には先端の芽が止まりかけた新梢がよく、採取時期が早すぎると萎れやすく、遅すぎると発根が劣る。また、二次伸長開始直後に採取した穂木も発根がよい。

さし木作業

さし穂は、新梢の先端を五～六節で切りとり、水を入れたバケツに浸ける。ただちに基部の葉を取り除き、先端の二～三葉を残して、大きな葉は、半分ほどに切る。さし穂の基部はつぶれた組織を除くように鋭いナイフで切り返す。

用土やさし木床は、休眠枝ざしのばあいと同様である。さし床に穴をあけてさし穂の二分の一～三分の二をさし込む。間隔は五×五cm程度とし、さし込んだ基部の穂と床の間に隙間をつくらないように埋める。

緑枝ざし後四～七週間で発根するので、休眠枝ざしと同様にポットに移植して苗木を育てる。

（3）サッカーを用いた取り木繁殖

ブルーベリーの株元から立つ新梢のうち、地下部から発生したものをサッカー（吸枝、ヒコバエ）と呼ぶ。サッカーはラビットアイ種で発生が多く、北部ハイブッシュ種は発生が少ない傾向がある。ラビットアイ種は、地下茎（リゾーム）が伸びて、株から遠いところからサッカーを発生させて広がる性質がある。このサッカーを用いた取り木やリゾーム自体を切り取って利用する繁殖法がある。若い樹から発生したサッカーであれば、発生部位近くにスコップを入れて掘り取り、根のついた状態で定植用の苗に用いることができる。

2　木イチゴ・スグリ類

（1）木イチゴ類の取り木・さし木

木イチゴの生育特性は種で異なり、レッドラズベリーは立ち性でかん木状に育つが、ブラックラズベリー、パープルラズベリー、ブラックベリー、ローガンベリーなどは半つる性かつる性で、枝先が垂れ下がってアーチ状になる。

レッドラズベリーは、地下茎からサッカーが多数発生するので、落葉後にそれを掘り取って苗木として利用する（図1）。つる性や半つる性の木イチゴ類は、地下茎やサッカーがレッドラズベリーほど発生しないので、垂れ下がって地面についた枝先に土を盛って取り木法で発根させ、落葉後に切り

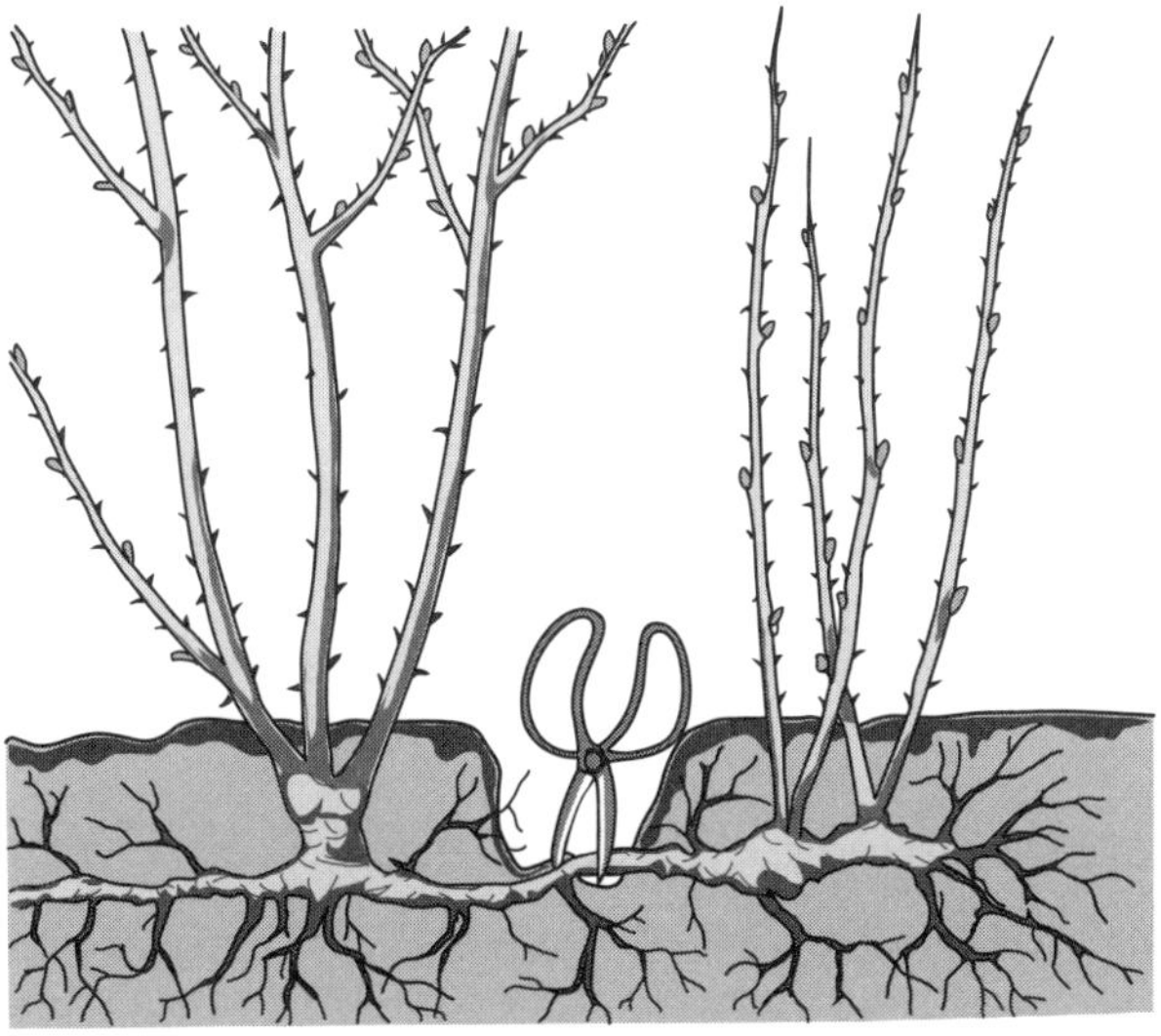

図1　レッドラズベリーのサッカーを用いた取り木

離して苗木とする（図2）。

また、木イチゴ類は休眠枝をさし木しても発根が劣るため、大量繁殖には根ざし法を用いる。休眠中に根を掘り、一〇cmほどの長さに切ってさし木に用いる。さし木床には、通気性の優れる砂壌土や火山灰土が適し、通気性や排水の劣る粘土質土壌は適さない。

露地でのさし木では、土を細かく耕うんして一五cmほどの高さに盛り上げて床をつくる。根の上下位置を間違わないようにさし木することが重要である。根ざし後は、他の果樹のさし木と同様に、さし木床の乾き具合を判断しながらかん水や雑草防除を行ない、発根後に施肥をして生育促進を図る。

（2）スグリ類の取り木・さし木

スグリ（グーズベリー）にはヨーロッパスグリとアメリカスグリの系統があり、さし木、取り木、株分けで繁殖ができる。ただし、ヨーロッパスグリはさし木による発根が悪いので、取り木か株分けによる繁殖が適する。

取り木は、株元から発生する一～二年生の枝を横に倒し先端部に土をかぶせて発根させる方法と（図2）、倒した枝から発生する数本の新梢に盛り土する方法とがあり、どちらも発根した新梢を切り離せば苗木になる。さらに、秋に株を地表部まで切りつめ、翌春に発生する多数の新梢に盛り土して苗木を育成する方法もある。盛り土などの具体的方法は、リンゴ台木の取り木法に準じる（54頁参照）。

株分けは、落葉した休眠期に株の外側を掘って根を付けて切り取り、苗木を得る。

アメリカスグリのばあい

アメリカスグリはさし木でよく発根

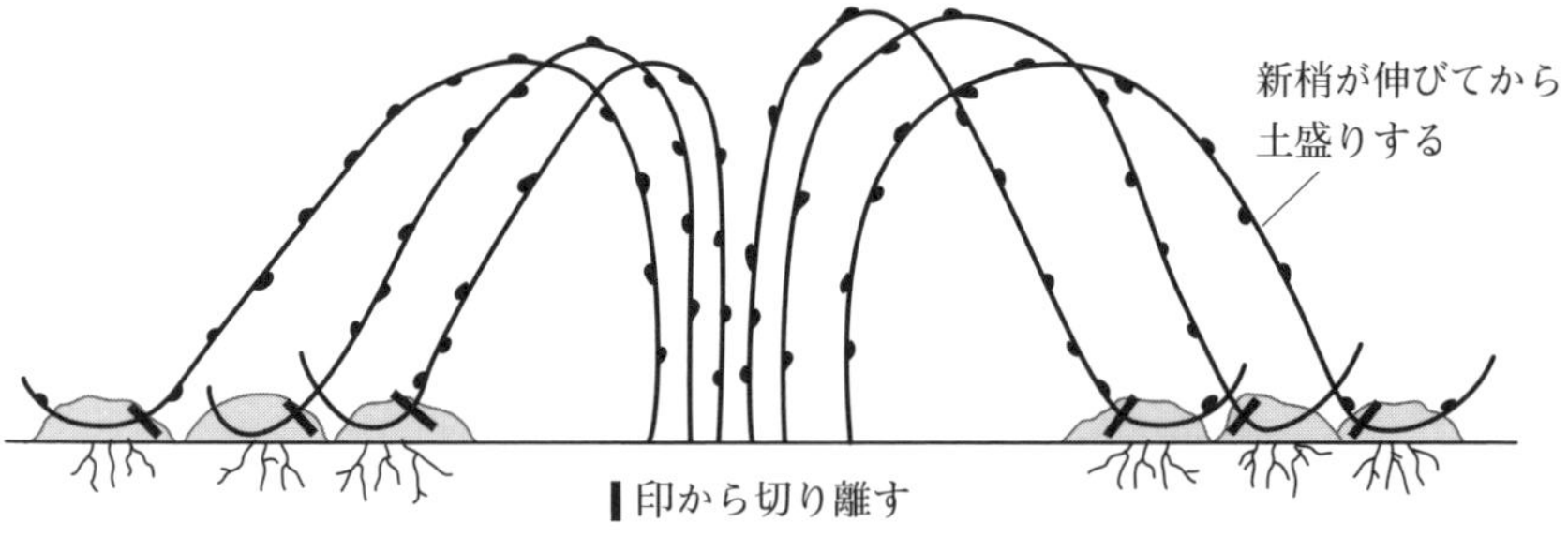

図2　ブラックラズベリーなどの取り木
（中島二三一著『北国の小果樹栽培』146頁，北海道農業改良普及協会より改変）

する。休眠枝ざしでは、充実した新梢を春の発芽前に切り取ってさし穂に用いる。休眠期に採取した穂木をポリ袋やビニール袋に密封して〇～五℃で冷蔵してもよい。露地にさし木するばあいは、一五cmほどの高さのさし木床をつくって、雑草防止のために黒ポリマルチをする。さし穂は、長さ一五～二〇cmで三芽ほどつけた状態に切り揃え、基部を切り出しナイフで斜めに切ってつぶれた組織を除いたうえで、一〇cmほどの間隔で長さの三分の二を床内にさし込む。さし木後は、加湿にならない程度にかん水する。箱ざしの管理法はブルーベリーのさし木法に準じる。

フサスグリのばあい

フサスグリ（カーランツ）もさし木、取り木、株分けで繁殖でき、レッドカーランツとブラックカーランツともにさし木でよく発根する。

大苗の育成には、株分けや取り木法が適する。取り木やさし木の方法はスグリに準じる。ただし、スグリより発芽が早いので、晩秋～冬の間に休眠枝を採取してポリ袋かビニール袋に密封して〇～五℃で冷蔵し、乾燥と発芽を防ぐ。スグリとフサスグリともに、さし穂の調製時に花芽を除いて用いることが重要である。

（小池洋男）

カンキツ類

1　実生による台木づくり

（1）種子の準備と播種

採種と貯蔵

台木に用いるカラタチの種子は、果実が黄化成熟する十月に採集する。果実から取り出した種子は十分に水洗いして種皮のヌメリを落とし、日陰で表面を乾燥させた後に冷蔵庫で保存する。

播種と管理

播種の適期は二月下旬から三月中旬で、その一ヵ月前までに堆肥や鶏糞を施用して、中耕後に短冊形の畦を立てておく。播種は、約三cm間隔の条播きとし、軽く覆土したあとにかん水を行なう。多胚性であるカラタチは、一粒の種子から二～三本発芽するので、生育が劣ったり枝葉の形が他とは異なったりするものは、早めに間引いておく。

（2）苗ほへの移植と管理

一年間育成したカラタチを、翌年、三月中下旬に苗ほへと移植する。苗ほでは、移植一ヵ月前までに一a当たり苦土石灰三kg、熔性リン肥一kgおよび一五〇kg程度の堆肥を入れて中耕し、十分な土つくりを行なっておく必要がある。

移植時には、生育の劣るものや地際の根が曲がったものは除き、一五cm程度の株間隔で条植えにする。なお、除草や接ぎ木作業に便利なように、畦間の通路幅は八〇cm程度必要である。

移植後の管理には、かん水、施肥、除草、病害虫防除があり、施肥量については成分量として一a当たりチッソ五kg、リン酸三kg、カリ三kgを目安に、有機質肥料を年間四～五回分施する。

2 接ぎ木による苗木づくり

苗木をつくるばあいの接ぎ木法としては、秋に行なう芽接ぎ（八月下旬～九月上旬）と腹接ぎ（九月中旬～十月上旬）、および春に行なう切り接ぎ（四月中旬～下旬）と腹接ぎ（四月上旬～五月中旬）がある。ここでは腹接ぎと切り接ぎについて説明する。

（1）穂木の採取と貯蔵

採穂の時期

採穂の時期は接ぎ木方法によって異なり、秋に行なう芽接ぎと腹接ぎのばあいには接ぎ木当日か前日が適当である。一方、春に行なう切り接ぎと腹接ぎについては、三月中下旬の採穂とし、貯蔵した穂木を使うことになる。

穂木の貯蔵方法

穂木を貯蔵するばあい、採取した枝の葉をハサミを使って葉柄部分で切り落としたあとに、一定量をヒモで結束してビニール袋に入れ、温度変化の少ない冷暗所で保存する。過湿およびガス障害を防ぐために、ビニール袋を三～四日に一回開放する。

（2）腹接ぎの作業

穂木の削り方

芽のある面が接ぎ木接合の外側となる。こちらの面の削り方は、枝の基部に向かって角度三〇度で一気に切り下ろす（図1の①）。その反対側が台木との接合面になるが、こちらの面はナイフに角度をつけず、形成層が広く出るように薄く削りおろす（図1の②）。なお、穂木の芽数は一～二とする。

台木の削り方

腹接ぎでは、接ぎ木時に台木の上部を切除しない。地際から上部三cm程度の位置から斜め下方に、木質部まで一気に削り込む。その際、ナイフの角度はあまりつけず、削り込んだ部分の長さが一・五cm程度になり、形成層を広く出すようにしたい。

穂木のさし込みと結束

穂木の薄く削った面を台木に密着させながら強くさし込む。その際、台木の太さと穂木とのバランスがとれているばあいは、台木切り込み部の中心にさし込んでもよいが、台木に比べて穂木が細いばあいには、両者の形成層を確認しながら左右どちらかに寄せて、片側の形成層と合わせる。

穂木のさし込み後は、接ぎ木用のビニールテープを下から上へと巻き上げていく（写真1）。密着度の向上と雨

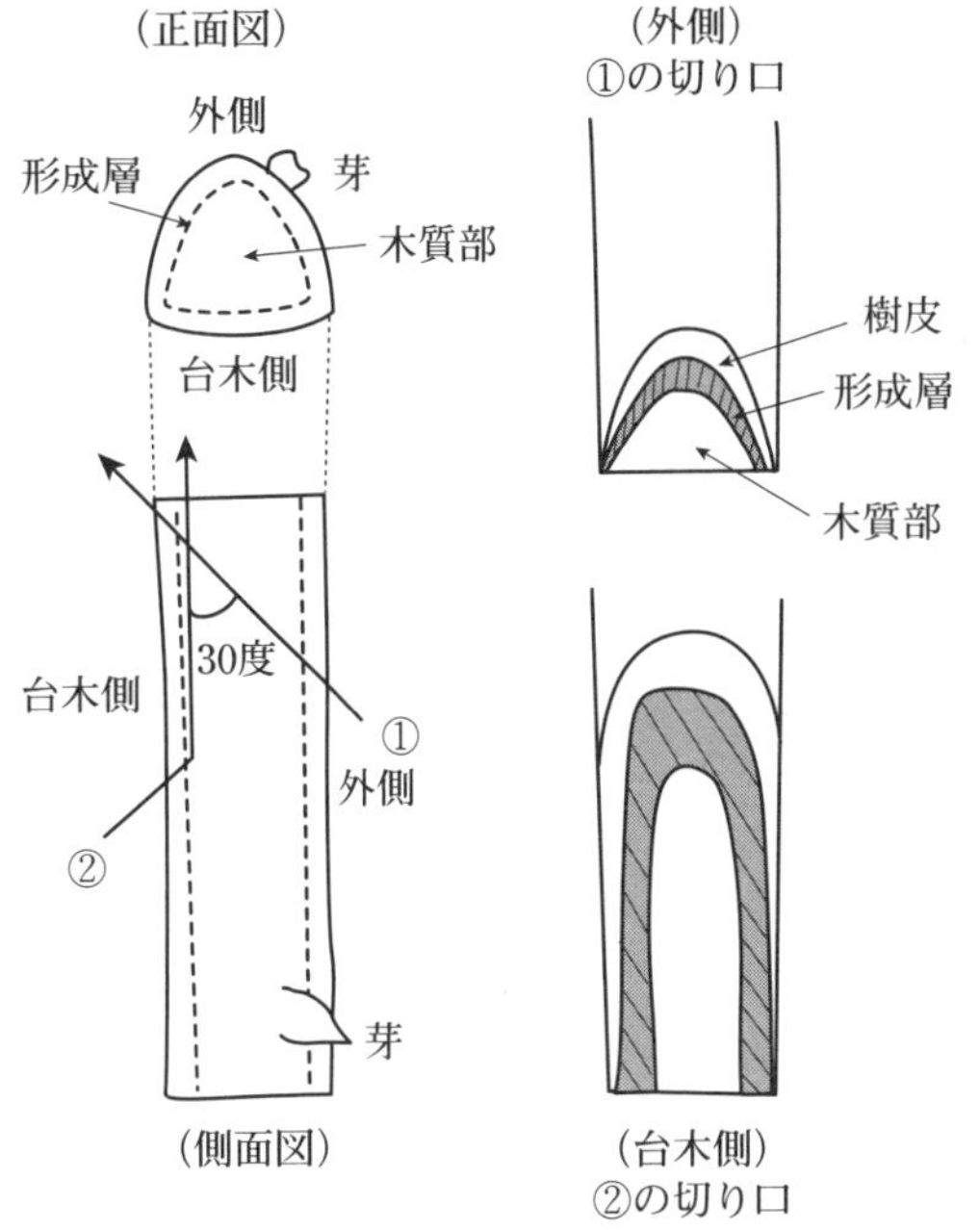

図1　穂木の削り方

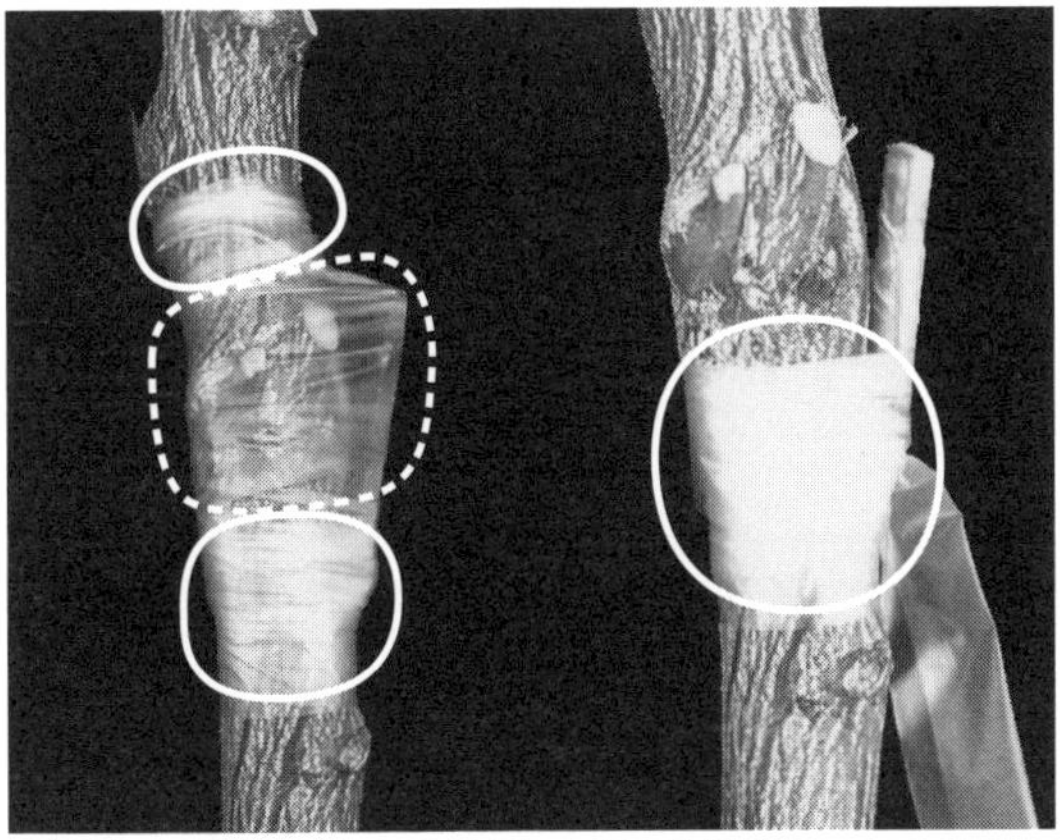

写真1　腹接ぎにおけるテープの巻き方
実線部分はきつく，点線は軽く巻く
（左：接ぎ木テープのみ，右：パラフィン系フィルム使用）

水浸水防止のために穂木の基部と直上部分は強く巻くが、穂木の先端部分は軽く巻く。

春の管理

秋接ぎのばあいには、年内発芽はせず、翌春の発芽となるので、活着を確認したものは翌春までそのままにしておく。発芽が始まる直前に接ぎ木テープをはずし、接ぎ穂の直上で台木を切除する。なお、切り口には癒合促進剤を塗っておく。

春季に腹接ぎを行なったばあいには、活着確認後に台木をせん除するが、接ぎ木テープはそのままにしておき、穂木と台木とが完全に活着する九月以降にはずす。

（3）切り接ぎの作業

穂木の削り方

穂木は二芽程度つけてせん定バサミで切る。削り方の手順、方法は腹接ぎのときとほぼ同じであるが、芽の反対側の面、すなわち台木との接合面は腹接ぎのときと若干異なる。すなわち、木質部に少しかかる程度で形成層が広く平行に出るよう平滑に、やや長く削る。その際、削り面の長さは台木のそれよりやや長くする。こうすると、穂木と台木との巻き込みが良好となる。

台木の削り方

台木を切り込む前に地際の土を除去し、地上三～四cmの位置でせん除する。台木への切り込みは、形成層の位置をわかりやすくするため切り口面の上端を斜めに少し切り（図2の①）、次に形成層と木質部との境から若干木質部にかかった位置にナイフをあて、下方に向かって垂直に二～三cm切り下げる（図2の②）。

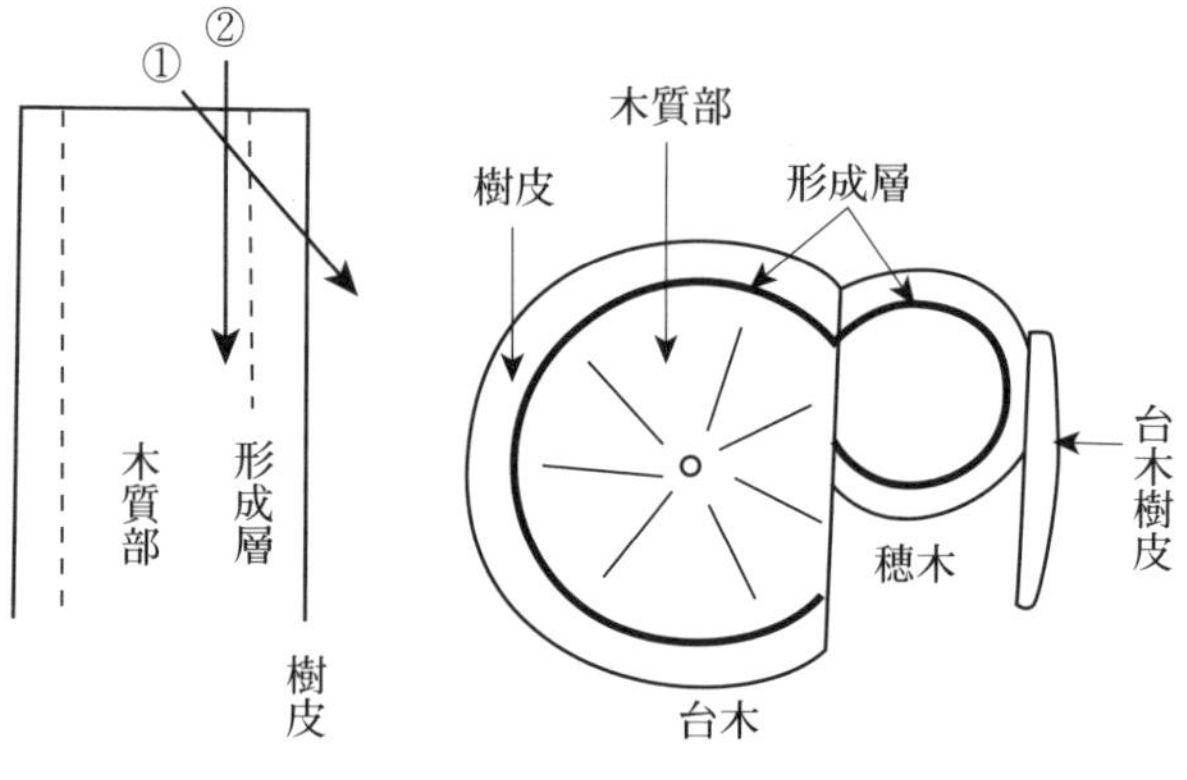

図2　切り接ぎにおける台木の切り込みと穂木のさし込み方

穂木のさし込みと結束

台木と穂木の形成層はどちらも左右に二本露出しているが、両者の一方の形成層が相互に密着するよう確認しながら、台木に穂木をさし込む（図2の右）。穂木をさし込んだ後は、穂木と台木とを固定させるために、接ぎ木テープで二～三重に巻く（写真2）。締め具合としては、穂を軽く引いても抜けない程度がよく、あまりきつく結ばないほうがよい。

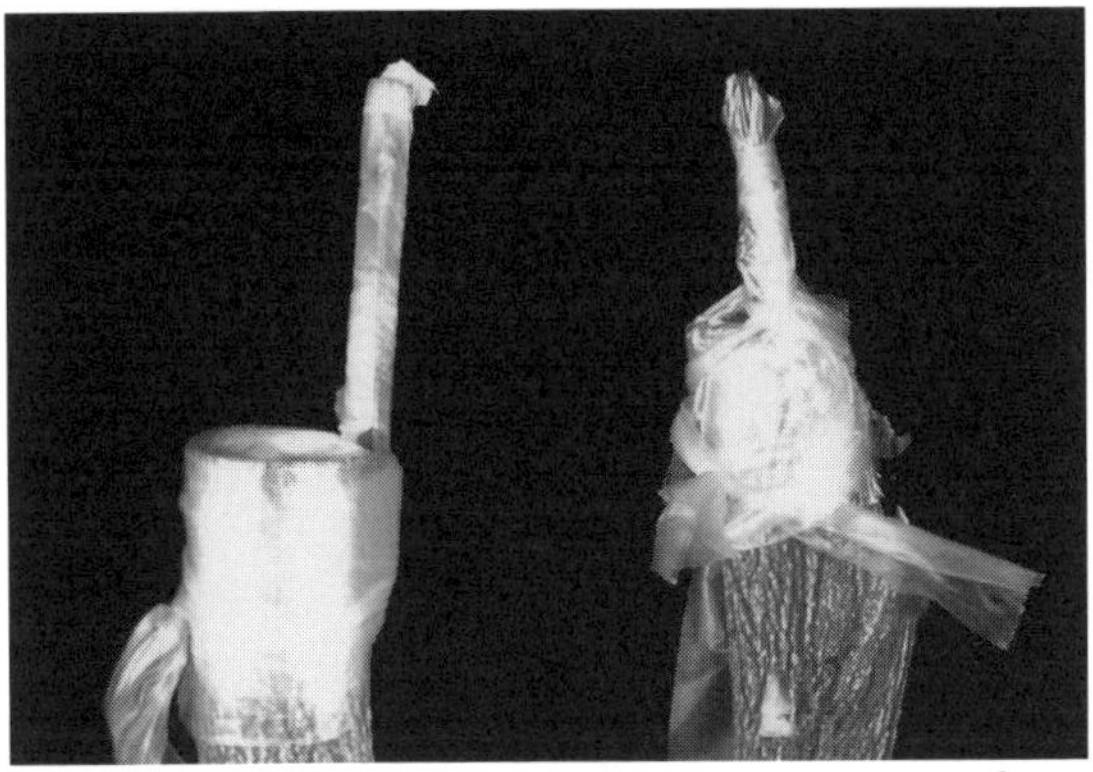

写真2　切り接ぎにおける穂木のさし込みとテープの巻き方
（左：パラフィン系フィルム利用，右：ポリフィルム利用）

穂木の乾燥防止

穂木が乾燥すると活着および芽の伸長に悪影響を及ぼすため、厚さ〇・〇一mmのポリエチレンフィルムで巻くか、ポリエチレンの小袋で穂木を覆って、乾燥を防止する必要がある。

最近では、ポリフィルムの代わりに伸縮性のパラフィン系フィルム（パラフィルム、メデール）を使うばあいも多い。ただしこのばあいは、穂木をさし込む前にフィルムを引き伸ばしながらあらかじめ穂木に巻いておく必要がある。

（4）接ぎ木後のケア

枝梢管理

四月下旬より穂木から数本発芽するので、伸長の良好な一本を残して他の芽はかき取る。台芽（台木から伸びる新梢）かき、および穂木の芽かきが遅れると、新梢の生育に悪影響を及ぼすため、早めの処理が必要である。また、充実した優良な苗木をつくるためには早期の摘心と芽かきで一本にすることが重要である。春芽の摘心は長さが一〇cm程度で八～一〇葉の時期に、また、夏芽については一〇～一二葉で、長さが四〇cm程度のときが適期である。

肥培管理

年間の施肥量は、成分量で一a当たりチッソ八kg、リン酸四kg、カリ四kg程度とし、施用回数は三月下旬～十月中旬までの一〇回程度とする。このほか状況をみながら、かん水を兼ねて硫安の四〇〇～五〇〇倍液を施用したり、病害虫防除を兼ねて微量要素入りの液肥を散布するのもよい。

病害虫防除

もっとも注意を要するのはミカンハモグリガ（エカキムシ）である。この害虫の発生は苗木の生育を著しく抑制するだけでなく、かいよう病の発生を誘発する要因ともなる。発生が始まる五月中下旬から終息する九月中下旬までの期間で、芽の伸長が旺盛な時期には徹底的な防除が不可欠である。

この他の病害虫としては、かいよう病、アブラムシ類、ミカンハダニ、アゲハチョウの幼虫などがあり、薬剤防除や補殺など早期の対応を必要とする。

3 高接ぎ更新の実際

(1) 穂木の準備

高接ぎ更新では、中間台木（更新される樹）に対して腹接ぎと切り接ぎを併用する。穂木の選択、採取時期および貯蔵方法については、前項の苗木のつくり方を参照していただきたい。

高接ぎ更新では、多量の穂木を必要とする。穂木一kg当たりの採収可能な芽数は、一芽接ぎのばあいで七〇〇～一〇〇〇芽、二芽接ぎでは四〇〇～五〇〇芽である。また、一〇a当たりの必要穂木量は、一般的には一芽接ぎで三～四kg、二芽接ぎでは五～八kgである。

多量に使用するばあいには、穂木を、事前に準備・保存しておくと作業能率が格段に向上する。少し湿らせたタオルに穂木を包み、ポリ袋に入れて冷暗所で貯蔵すれば、二週間程度は十分に利用できる。接ぎ木の時期は春と秋があるが、接ぎ木時の簡便性や接ぎ木後の寒波などを考慮すれば、一般的には春接ぎのほうがよく、適期は三月下旬～五月上旬である。

(2) 中間台木の整理

高接ぎ更新は、乱れた樹形を整えるよい機会でもあるので、主枝・亜主枝の基本骨格以外にはあまり多くの枝を残さず、これらに競合する太枝と接ぎ木時に障害となる小枝は間引いておく。ただし、地上部切除に伴う細根の減少を最小限にとどめるためには、樹冠下部や枝先に着葉数五〇～一〇〇枚の小枝を全体で数ヵ所、力枝として残しておく方法が有効である。

なお、主枝や亜主枝候補における先端の取り扱いについては二種類ある。

先端を切り接ぎで対処するばあい、主枝候補では最大樹高が一・五m程度の位置で、亜主枝候補の枝では一m以下の位置での切除が、接ぎ木以降の管理やコンパクト樹冠形成にとっては望ましい。一方、腹接ぎだけで更新するばあいは、枝を途中で切除せず、主枝・亜主枝の先端は細根保護のための力枝として利用する。残した枝は誘引のための支柱として利用でき、省力管理のためには有効な手段となる。

（3）腹接ぎの作業

接ぎ方

基本的な方法は、苗木づくりの項（108頁）で説明した腹接ぎ法と同様で、図3に示すように行なう。中間台木の切り込み位置は、横枝ならば上側部を、立枝であれば伸ばしたい方向の面とし、いずれも左右交互に二五cm前後の間隔とする。

なお、一樹当たりの切り込み数は樹齢の二～二・五倍を基本とする。

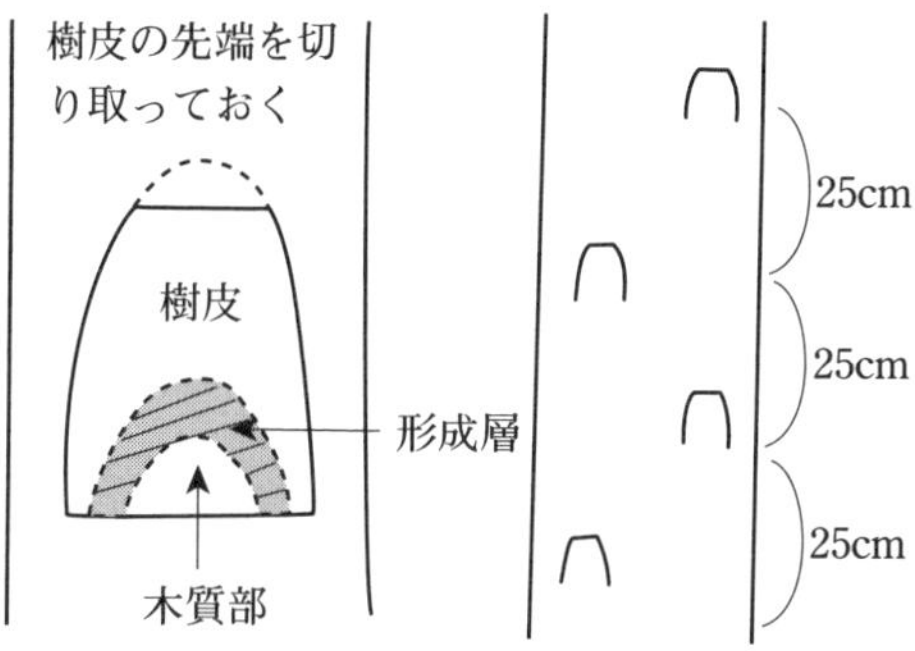

図3　腹接ぎにおける中間台木の切り込み方
（左：内部の状態，右：切り込み位置）

テープの巻き方

枝の基部から先端部に向かって巻き上げる。穂木の基部はテープを四～五重に強く巻く。穂木中央部から先端部にかけては、芽が伸びたとき開けやすいように、また穂木基部と中間台木接合部の密着が悪くならないように一重で軽く巻く。さらに、穂木部の上位置にあたる中間台木の部分については、雨水の浸入を防ぐために強く巻く。枝の全面にテープを巻くと、過湿によって樹皮障害をおこすこともあるので、穂木と穂木との間は樹皮が露出するよう粗く巻く。

（4）接ぎ木後のケア

接ぎ木後、および活着後の生育期の管理を図4に示す。

中間台木の損傷防止

樹皮の温度上昇を防ぎ、日焼けを防止する方法としては、株元から主幹部全面と主枝基部および亜主枝クラスの上・側面に対して、ハケで石灰乳などの白塗剤を塗るのが効果的である。この際、穂部のテープ上に塗ると発芽の確認や芽出しが不便となるため、この部分の塗布は避ける。

また、穂木の発芽以降に発生した中間台木からの芽（台芽）を利用する方法もある。太枝の上面や大きな切り口付近から発生したいくつかの台芽を長さ一〇cm程度の場所で摘心しておくと、日陰やラジエーター機能が発揮され、日焼けや枯れ込みを防ぐことができる。

芽出し

順調に活着すれば、接ぎ木後二〇日程度で穂木が発芽を開始する。芽の長さが一〜一・五cm伸びたら、芽の近くのテープにナイフで「く」の字型の切れ目を入れ、発芽を助ける。テープを切る時期が早すぎたり、切り口が大きすぎたりすると穂木が乾燥して、発芽後においても枯死するばあいがある。

なお、接ぎ木テープの完全除去は、穂木が完全に活

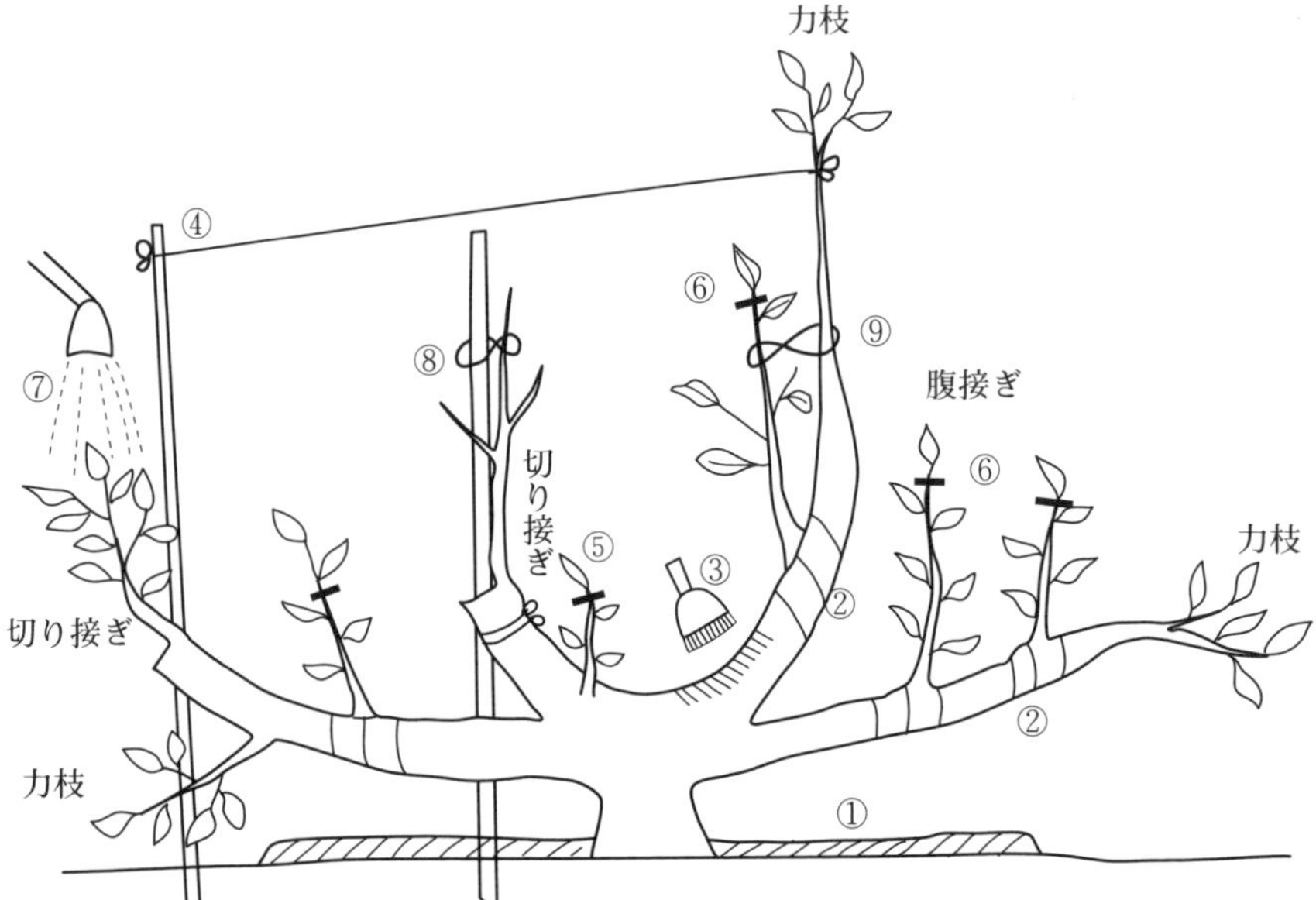

①有機物施用，かん水　②テープ巻き　③白塗剤　④防鳥テグス　⑤台芽摘心
⑥摘心・芽かき　⑦病害虫防除　⑧支柱への誘引　⑨中間台木への誘引

図4　高接ぎ更新後の管理

着する九月以降でなければならないが、風による接ぎ穂基部からの損傷を防ぐためにも、翌春の除去が望ましい。

摘心・摘芽と力枝の管理

接ぎ穂から春芽が複数発生したばあいには、伸長良好な一本を残して他の枝は間引く。さらに、新梢が二〇cm程度伸びた時期に、八～一〇葉を残して摘心する。

七月になれば、春枝から夏芽が数本発生するので、夏芽が二〇cm程度に伸長した時点で、生育がもっとも良好な一本を春枝と同様八～一〇葉目で摘心し、逆に、伸長の劣る一～二本を残して他の芽は間引くとよい。このことによって枝に強弱がつき、同列枝や平行枝を防ぐことができる。

接ぎ木時に残した力枝や台芽は、基本的には翌春のせん定時に切除するが、とくに先端の力枝が強勢になると新梢の伸長が抑えられるので、一〇〇葉以上になったばあいにはせん定によって適宜葉数を減らす。

病害虫防除

高接ぎ更新で防除の重要度がもっとも高い病害虫はミカンハモグリガ（エカキムシ）で、更新の成否を大きく左右する。五月下旬から九月中旬まで発生し、伸長中の若い葉を次々に食害するため、新梢の生育は著しく阻害される。また、食害痕からはかいよう病が発生するため、期間中はネオニコチノイド系などの殺虫剤で徹底防除する。

このほかアゲハチョウ、アブラムシ類、ミカンハダニ、ゴマダラカミキリムシに対しても注意したい。

施肥・土壌管理

接ぎ木前年と接ぎ木翌年以降の施肥は慣行の基準量とするが、接ぎ木当年は慣行の二分の一～三分の一程度とする。また、急激に伸長した枝梢では、葉に亜鉛やマンガンの欠乏症状が出やすい。伸長期にチッソ成分を主体としたこれら微量要素入りの複合液肥を、数回葉面散布するとよい。

接ぎ木によって細根は著しく減少するうえに、樹冠下への日照が急増して土壌は乾燥しやすい。根の保護と樹勢の早期回復のためには、有機物の十分な樹冠下施用とかん水を実施したい。

枝の誘引

春枝を摘心したあとに夏枝が、夏枝の摘心後には秋枝が急激に伸長し、生育の程度が大きいほど、風による接ぎ穂脱落の危険性は増してくる。枝の先端に切り接ぎなどを行なったところには、夏枝発生前後に必ず支柱を立て、枝葉が充実したあとに支柱に沿って結束、誘引する。

主枝・亜主枝の先端あるいは中間台木の途中に力枝を残しているばあいには、これらを利用して誘引すれば、支柱を立てる労力は大幅に軽減できる。また、台風時には応急的な誘引にも利用できる。

（5）接ぎ木翌年の管理

力枝の整理

接ぎ木時に残した力枝や台芽をそのまま残すと翌春の枝の生育が抑制されるため、二～三月のせん定時に除去する。ただし、亜主枝など横枝確保のための支柱に利用するばあいは、力枝先端の葉数をせん定によって減じて、さらに一年間残してもよい。

枝の間引きと誘引

接ぎ木一年目の枝はほとんどが立ち枝となり、放置すれば樹冠内部の枝は少なくなる。接ぎ木時には必要以上の穂木を接いでいるばあいが多いから、樹勢の強い品種では全体の三分の一～四分の一を、弱勢品種についても、混雑した部分を一～二年かけて適宜、穂木の基部から間引くことが必要である。

また、高品質果実の連年生産のためには、主枝以外の下枝や横枝の十分な確保が重要となる。樹液の流動が盛んになり、枝が曲げやすくなる四月下旬から五月にかけて誘引によって下向き・横向きの枝を確保し、適正な樹形づくりを行なう。

（宮田明義）

熱帯果樹（アボカド・マンゴー・パパイヤ・パッションフルーツなど）

1 アボカド

（1）穂木の採取と貯蔵

穂木の採取は三月に花芽が動き出す直前に行なう。前年の発育枝（秋芽は不可）で緑色が濃く、葉柄基部の腋芽に確実に葉芽のあるものを用いる。採取した穂木は葉を切り取り、ポリエチレン袋に入れて袋の上からヒモで縛り、袋内の空気を押し出すように密封して、冷蔵庫（五℃）で保存すると、約一ヵ月は保存可能である。

（2）実生台木づくりと接ぎ木の実際

台木の播種と育成

台木は秋から冬に収穫した果実から

種子を取り、水でよく洗浄して種皮をはぎ取って牛乳パックに播種する。市販のプラスチックコンテナだと約四〇個の牛乳パックを詰めることができる。このパックの底の四隅に大きな水抜き穴をこしらえ、まず大粒のパーライトを入れ、その後に水はけのよい培土を八分目まで入れる。そこに種子の上部を上にして種子を置き、鹿沼土で種子が見えなくなる程度に覆土する。

床面を電熱線加温できるビニールトンネル内で、電熱線に覆土した上にコンテナごと置き、三〇℃程度で蒸し込むと二週間ほどで発芽してくる。そのまま蒸し込みを続けると、一ヵ月ほどでエンピツの太さの赤色をしたモヤシ様の台木ができる（写真1）。

写真1　アボカドの実生。接ぎ木直前の台木

接ぎ木作業（写真2）

この台木を地上一〇cmの位置で安全カミソリを用いて切り、縦に割る。穂木は二節を残してその下部をくさび型に削って台木にさし込み、輪ゴムなどでしばる。穂部と結束部をパラフィルム（パラフィンワックス製のテープ）で巻いておおう。

接ぎ木後、五〇％程度遮光したビニールハウス内に置

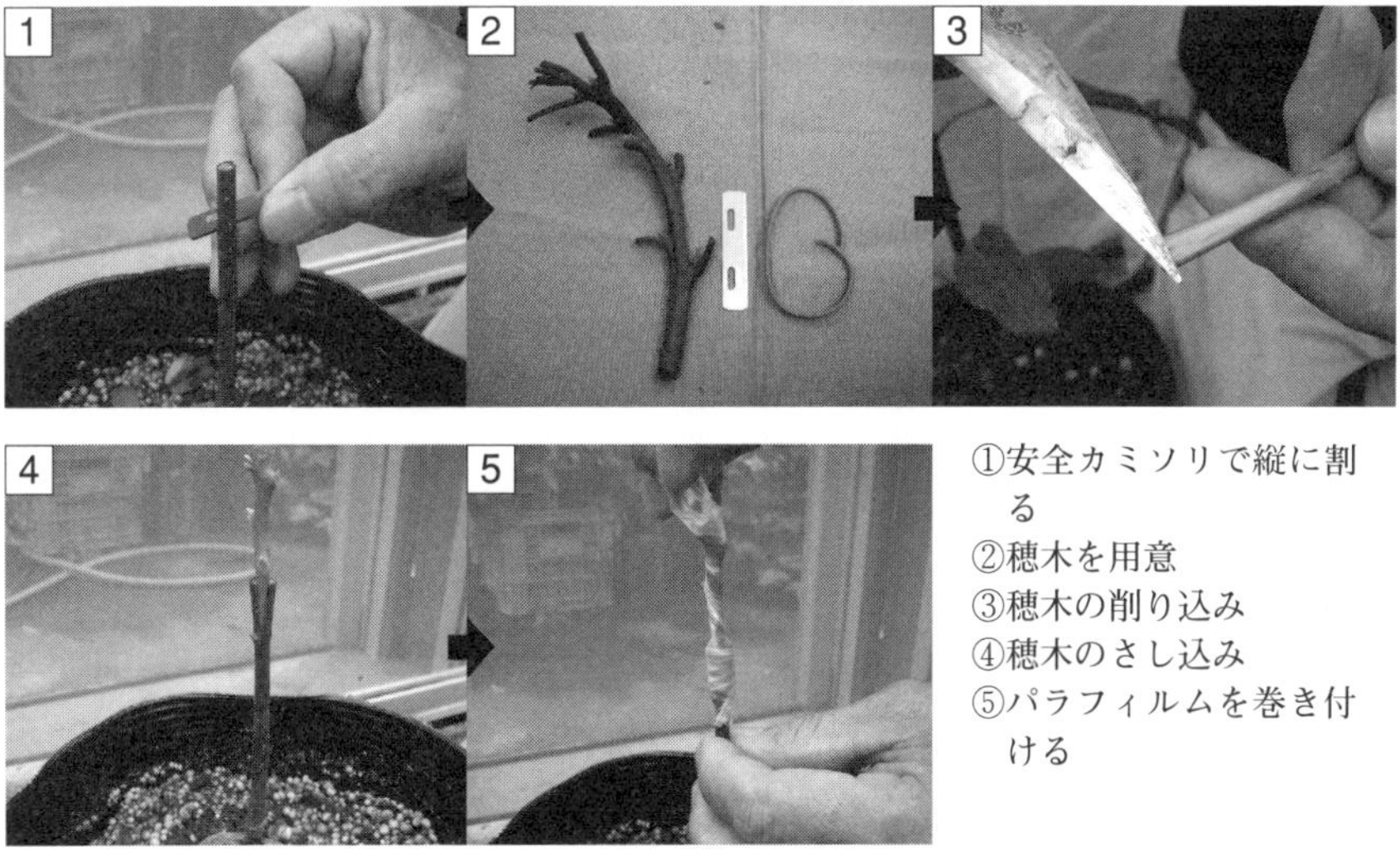

①安全カミソリで縦に割る
②穂木を用意
③穂木の削り込み
④穂木のさし込み
⑤パラフィルムを巻き付ける

写真2　アボカドの接ぎ木作業

き、温度を二〇～三〇℃にしてやれば、二週間程度で発芽してくる。台木の発芽用に用いたビニールトンネル内に戻すばあいは、湿度を保てるのでパラフィルムで覆う必要はない。

（3）接ぎ木後のケア

穂木から発芽する前に台木部から出る芽（台芽）は、安全カミソリで早めにそぎ落とす。頂部の枝を穂木として接いだばあい、花芽が出てくることがある。この花芽の花房を切り取ると、花房の中心部から葉芽が発芽してくる。ビニールトンネル内で接ぎ木苗の穂を発芽させたばあいは、急にビニールを開放すると新芽が萎れるので、徐々に外気にならしていく。新芽は約一ヵ月程度で緑化するので、このときに大きな鉢に植え替え、露地でひと夏養生する。秋季には一m以上の苗に生長する。冬季は防寒できる場所に置いて、翌春の四月以後に晩霜の心配がなくなったら外に定植する。

2 マンゴー

（1）穂木の採取と貯蔵

穂木は十分に緑化した先端部か、芽が多数存在する節部がよい。カンキツなどのように長い穂を切り取り、腋芽一、二芽に切り分けて接ぎ穂とすることも可能であるが、この方法だと発芽に時間を要する。マンゴーでは、最初に頂芽から三節程度で切り取って穂木とし、その後一～二週間して切り取った部分の直下の芽がふくらんできたら、また三節で切り取る（写真3①のカットバックの芽）。このようにして発芽直前の芽をもった穂木を採取して用いることが望ましい。

すぐに接ぎ木できないばあいは少し長めの四～五節で切り取り、葉はすべて除去してポリエチレン袋に入れて、アボカドと同様な方法で貯蔵する。マンゴーは熱帯性果樹なので、八～一〇℃程度の貯蔵温度が望ましく、長期貯蔵はしないほうがよい。

（2）実生台木づくりと接ぎ木の実際

台木の播種と育成

経済栽培では、台木は台湾在来種と呼ばれる多胚性品種（一個の種子から多数の芽が発芽するので、多くの台木を獲得でき、しかもそれらは均一な性質をもつ）が用いられているが、市販されている果実の中の種子も台木づくりに利用可能である。果実から種子を

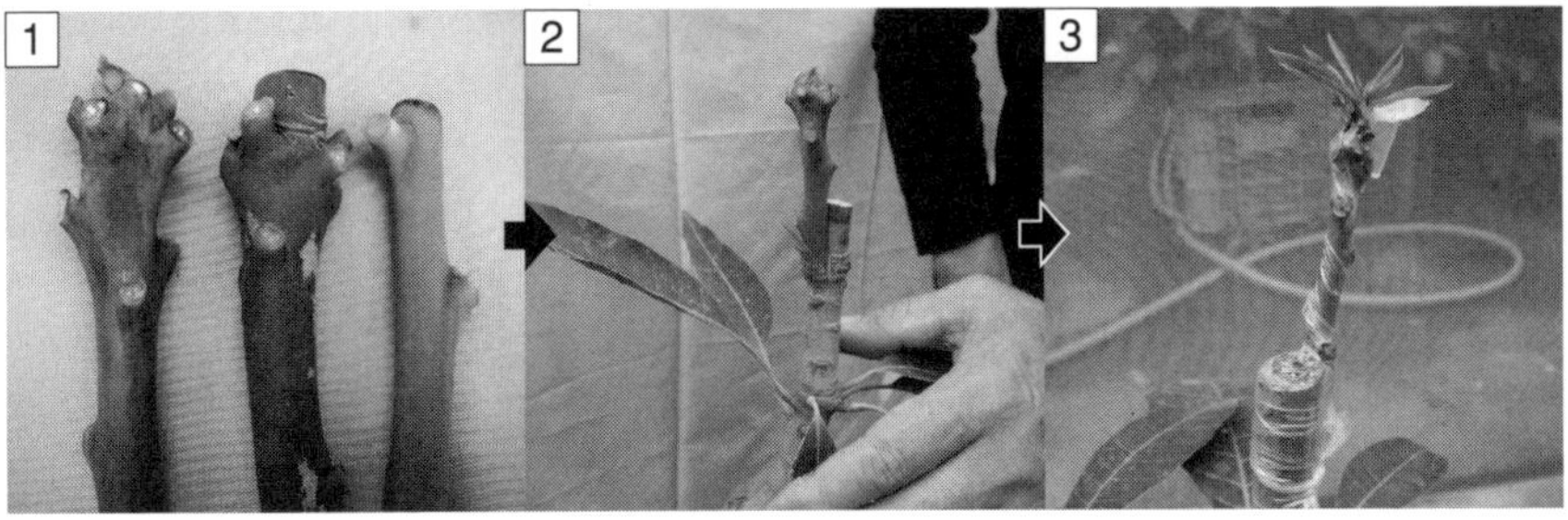

①穂木（左から頂芽，節部芽，カットバック後1週間後の芽）
②穂木の挿入
③接ぎ木後1週間後の生長

写真3　マンゴーの接ぎ木作業

取り、果肉をきれいに削り取って水洗いする。種子は硬い殻で覆われているので、せん定バサミなどを用いて傷付けないようにていねいに取り出す。

アボカドと同様に牛乳パックを用いた育苗ポットに播種する。単胚の種子のばあいは一本だけ発芽するが、多胚種子のばあいは数本発芽してくるので、発芽して緑化したら、大きな鉢に一本ずつ植え替える。ここで一～二年間育成する。

接ぎ木作業

実生台木の幹が親指大の太さになったものを、地面から二〇～三〇cmのところで切り返して接ぎ木（切り接ぎ）を行なう。前述した穂木は二節を残してその下部を斜めに削り、斜めに削り込んだ台木部に形成層を合わせるように挿入し、接ぎ木テープか絶縁テープなどで結束する（写真3）。切り口と穂部はすべてパラフィルムで覆う。マンゴーの接ぎ木は気温の高い時期がよいので、開花が終了した五月に行なうが、真夏の接ぎ木には遮光が必要である。

（3）接ぎ木後のケア

穂木から発芽する前に台木部から出た芽は、早めに安全カミソリなどで削り取る。新芽が伸び出すと一ヵ月程度で緑化し、その後に二次伸長が始まる。二次伸長が停止して緑化した時点で大きな鉢に植え替えるか、畑に定植する。

3　パパイヤ

（1）実生苗づくりと穂木の採取

パパイヤは実生繁殖が一般的であ

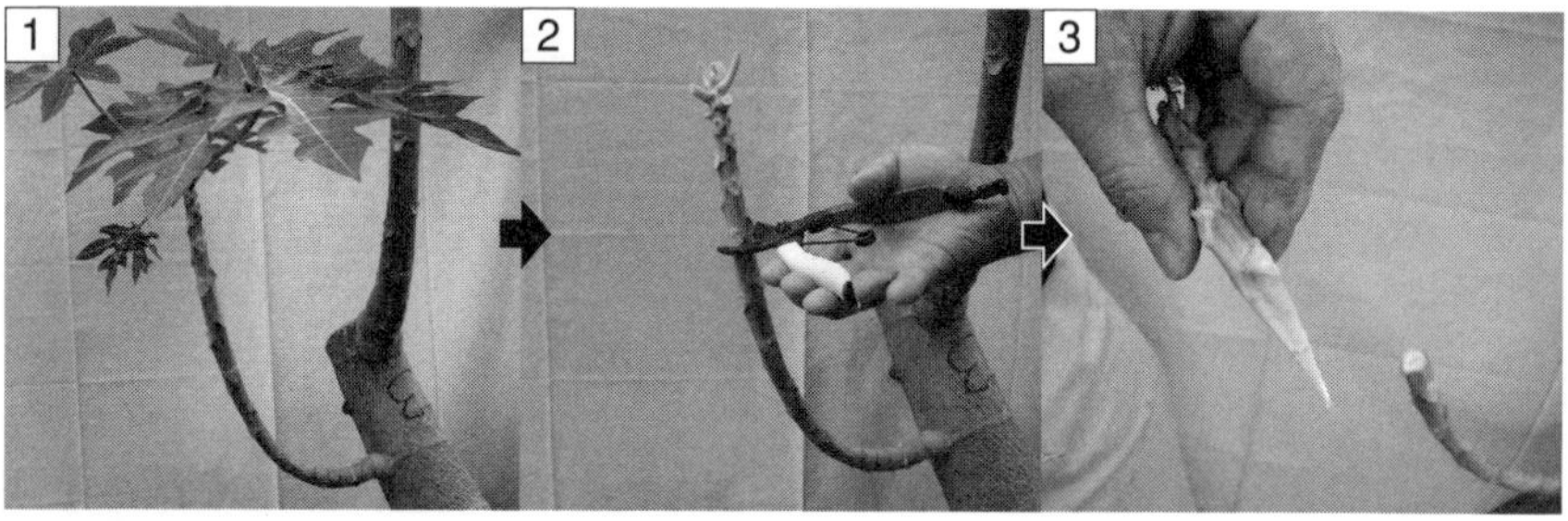

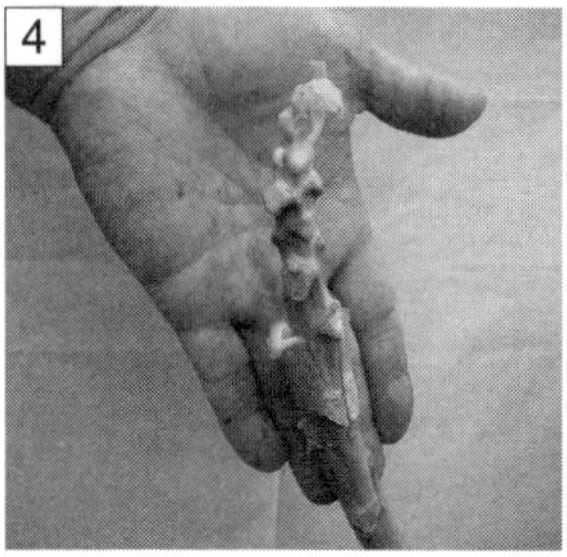

①分枝（新梢）
②穂木の採取
　葉を落とし，先端部から10～15cm切り取る
③くさび型に削る
④穂木を挿入（割り接ぎ）

写真4　パパイヤの接ぎ木作業

る。果実から取り出した種子をよく水洗いし、一～二日間陰干しして播種し、三〇℃に置くと短期間で発芽する。発芽後に間引きをして徒長を防ぐ。過湿は立ち枯れをおこすので避ける。

　実生株からは雌株、両性株と雄株が発生し、果実生産に用いられるのは雌株と両性株なので、雄株は捨てるか、これに果実を生産する株の頂芽を接ぎ木する。パパイヤの性別は着花した花の形態を見て判断する。増殖したい株の先端を切り返すと分枝（写真4）が発生するので、これらを穂木とする。

（2）接ぎ木の作業手順

　台木は直径二cm以上のものがよく、地上二〇cmくらいで切り返す。穂木は写真4のように、増殖したい品種の新梢の先端部から一〇～一五cmの長さの穂を採取し、葉を除去して一般の切り接ぎ法、割り接ぎ法、または合わせ接ぎ法（穂木と台木をそれぞれ同じ長さに斜めに切り、切り口部分を合わせる）で接ぎ木する。品種更新したい株と接ぎ木する穂の太さが同じばあいには合わせ接ぎ、台木のほうが太いばあいには割り接ぎを行なう。

　接ぎ木時の留意点として、木本科の接ぎ木のように接ぎ木部を強く結束しないことが重要である。接ぎ木後に穂部が乾燥しないよう、パラフィルム、ポリエチレン袋、紙袋などで保護してやる。

（3）接ぎ木後のケア

頂芽優勢なので、接ぎ穂が発芽すればその下部から発芽することはほとんどない。パパイヤは水分要求量が多いが、土壌の過湿には非常に弱いので、土壌の排水は常によく保たないといけない。とくに低温期の過かん水は樹を腐らせる原因となる。

4　パッションフルーツ

（1）穂木の採取

一般的にさし木繁殖されるが、品種更新やフザリウム菌による立ち枯れ病の発生した土壌では抵抗性台木に接ぎ木を行なうこともある。ウイルス病に感染していない健康な母樹から充実した枝を採取する。

（2）さし木・接ぎ木の実際

さし木

さし木時期は五～六月がよい。さし木は充実した枝を二～三節に切り、上部の葉を半分程度に切除し、ほかの葉や巻きひげはすべて除去する。さし穂の切り口（発根部）には発根促進剤を塗ると効果的である。さし床は排水のよい鹿沼土などを用いる。

接ぎ木

立ち枯れ病抵抗性台木としてキイロトケイソウを台木とする。穂木はさし木用の穂と同じもので、葉はすべて除去し、二節を残してその下部を削り、割り接ぎ、切り接ぎ（写真5）、合わせ接ぎなどを行なう。接ぎ木後の穂の乾燥防止対策はほかの果樹のばあいと同じである。

（3）さし木・接ぎ木後のケア

さし木後は遮光して、ときどきかん水して乾燥させないようにする。過かん水による過湿は穂の腐敗を助長し、発根を遅らせる。さし穂から発芽してきたら、液肥を葉面散布してやると、

写真5　パッションフルーツの切り接ぎ

発根促進と生育促進に効果的である。

発根したら早めに鉢上げして支柱を立て、それに誘引しながら生長を促進する。有機質肥料や液肥の葉面散布で生長を促進してやると、秋には着花させられる程度に生長する。

接ぎ木した穂が発芽したら支柱を立て、これに誘引する。台木の根は急激な切り返しにより弱っているので、土壌への施肥よりは液肥の葉面散布が効果的である。接ぎ木後の生長はきわめて旺盛となるので、誘引をこまめに行なう。


（米本仁巳）

【果樹繁殖と種苗法】

接ぎ木やさし木などの繁殖技術をマスターすれば、育てたい品種の増殖が思いのままにできる。ところが、果樹の多くの新品種は品種登録されており、登録品種は、種苗法によって、許諾なしに苗木を繁殖して売ったり譲渡したりすることは禁止されている。果樹の繁殖を楽しむためには、種苗法について理解する必要がある。

わが国では、昭和二十二年（一九四七）に「農産種苗法」が制定された。また近年、国際的には平成三年（一九九一）にＵＰＯＶ条約（植物新品種保護国際条約）が改正され、わが国がこの条約へ加盟したことによって、平成十年十二月二十四日に新たな「種苗法」として改正され、適用されている。

種苗法は、品種育成の振興と種苗流通の適正化を図って農林水産業を発展させるための法律で、植物新品種の育成者の権利を保護することにより新品種の育成を活発にするために「品種登録制度」を定めている。これにより、種苗登録を行なった育成者は、品種の種苗を繁殖して販売しようとする人から、一定の期間（果樹は二五年間、その他は二〇年間）、許諾料を受け取ることができる、とされている。また、無断で種苗を生産販売したばあいには、刑罰や罰金が科せられる。

ただし、登録品種の苗木を購入して、自分で用いる（経済栽培も趣味利用も）目的に限ったばあいは、自己増殖（品種の枝や根を用いた栄養繁殖）が規制の対象外とされている。このばあいでも自分で繁殖した苗木を販売したり他人に譲渡したりすることは違法となる。さらに、最近は自己増殖を禁じる契約つきの苗木販売が行なわれる品種が多くなっている。

以上のことから、苗木の生産に限らず、果樹品種の繁殖にあたっては、対象品種の登録状況や許諾条件を調べて、法で認められる範囲で自己増殖を行なう必要がある。

なお登録品種については農林水産省の登録品種データベース（http://www.hinsyu.maff.go.jp/）で確認できる。

（小池洋男）

■執筆者一覧

Ⅰ章およびⅡ章　小池洋男（前長野県果樹試験場長）
Ⅲ章
　リンゴ
　　1，2　小野剛史（長野県果樹試験場）
　　3　玉井　浩（長野県果樹試験場）
　ナシ・西洋ナシ　臼田　彰（長野県果樹試験場）
　モモ・スモモほか核果類　木原　宏（長野県中信農業試験場長）
　ブドウ　泉　克明（長野県果樹試験場）
　ク　リ　小池洋男（前出）
　クルミ　同上
　カ　キ　臼田　彰（前出）
　イチジク　真野隆司（兵庫県農林水産技術総合センター）
　キウイフルーツ　末澤克彦（香川県農業試験場府中分場）
　ビ　ワ　八幡茂木（千葉県農業総合研究センター 暖地園芸研究所）
　ブルーベリー・木イチゴ・スグリ類　小池洋男（前出）
　カンキツ類　宮田明義（山口県田布施農林事務所）
　熱帯果樹　米本仁巳（(独) 国際農林水産業研究センター 沖縄支所）

　果樹繁殖と種苗法　小池洋男（前出）

だれでもできる
果樹の接ぎ木・さし木・とり木
上手な苗木のつくり方

2007年3月31日　第1刷発行
2019年3月5日　第15刷発行

編著者　小池　洋男
編集協力　木村　信夫

発行所　一般社団法人 農山漁村文化協会
郵便番号 107-8668　東京都港区赤坂7丁目6－1
電話　03(3585)1142(代表)　03(3585)1147(編集)
FAX　03(3585)3668　振替　00120-3-144478
URL　http://www.ruralnet.or.jp/

ISBN978-4-540-05278-1　DTP製作／(株)農文協プロダクション
〈検印廃止〉

印刷・製本／凸版印刷(株)
Printed in Japan
定価はカバーに表示
乱丁・落丁本はお取り替えいたします。

農文協の果樹の本

農文協の果樹の本

モモの作業便利帳
—高糖度・安定生産のポイント
阿部　薫他著
2200円＋税

食味のよい高糖度果実をバラツキなく安定的に生産することを目標に、樹勢の判断や新梢の扱いなど具体的な作業のポイントを、初心者にもわかりやすく解説。ハウス栽培や低樹高化についても詳しく紹介。

カキの作業便利帳
—小玉果・裏年をなくす法
松村博行著
1900円＋税

貯蔵養分の増大・有効活用の観点から今やっている作業や時期を見直し、大玉果安定生産の要点を平易に解説。とくに春のかん水、摘蕾、新梢管理、施肥改善を重視。育苗、施設栽培、葉面散布、貯蔵・加工などの新技術も豊富。

改訂 ウメの作業便利帳
—結実安定と樹の衰弱を防ぐ
谷口　充著
1600円＋税

完全交配種子による結実率の高い実生台木苗やとり木苗の育成方法から、2本主枝を基本にした整枝せん定、施肥、病害虫防除など、低収量樹をなくす改善ポイントを詳述。肥効調節型肥料の利用、ウイルス対策も紹介。

オウトウの作業便利帳
—高品質安定生産のポイント
佐竹正行・矢野和男著
1900円＋税

色・姿・味などの品質面で輸入ものを圧倒している日本のサクランボ。本書では、雨除け栽培やハウス栽培などの広がり、品種や樹形の動きに対応し、高品質大玉果を安定生産するための作業のコツをたんねんに解説する。

クリの作業便利帳
—作業改善と低樹高化で安定多収
荒木　斉著
1800円＋税

低収・短命のクリ園は光不足が原因。高品質・多収を実現する第一は間伐と低樹高化。その方法と、植え付けから仕立て方、年間の栽培管理、せん定、防除など作業改善の要点を、イラストや写真を多用しわかりやすく解説。